60달러의 기적

정원섭 회계사 자서전

60달러의
기적

회계사무실에서 저자. 무궁화와 태극기가 눈에 띈다.

추천의 글

　성경 시편 90편 10절 모세의 기도에는 "우리의 년수가 칠십이요 강건하면 팔십이라도 그 년수의 자랑은 수고와 슬픔뿐이요 신속히 가니 우리가 날아가나이다."라는 구절이 있다.

　많은 사람들이 자신의 인생을 말하자면 몇 권의 소설로 표현을 하여도 모자랄 것이라고 한다. 이처럼 한 인생을 산다는 것은 높은 산을 올랐다 깊은 계곡으로 떨어지기도 하고, 모진 비바람이나 혹독한 추위를 견뎌야 하는 어려움이 있고, 때로는 걷잡을 수 없는 쓰나미를 만나는 경우도 있을 만큼 참으로 만만치 않은 일이다.

　대체로 자서전을 쓰는 사람은 사회적으로 상당한 위치에서 활동을 했던 위대한 인물이나 아니면 인생에서 커다란 굴곡을 경험하고 인생역전의 드라마를 쓰는 사람이다. 하지만 이 책은 70여 년을 올곧게 열심히 살아온 한 사람의 잔잔하고 진솔한 인생 이야기를 담고 있다.

　저자는 1966년 60달러를 가지고 뉴욕으로 유학을 떠났다가 캐나다 밴쿠버에서 결혼을 하고 캐나다의 첫 한인 공인회계사가 되었다. 그리고 '능력과 인격을 겸비한 캐나다의 첫 한인 공인회계사' 라는 칭호를 받으면서 40여 년을 브리티시 컬럼비아 주정부, 재무부 및 노동부 감사국장으로 봉직하고 정원섭회계법인으로 활동한 하나님의 사람이다.

이 책에는 50-60년대의 한국에서의 유년, 청년 시절의 이야기와, 유학시절의 에피소드, 사랑의 만남, 캐나다 일터와 세무감사 이야기, 기억에 남는 사람들의 이야기와 여행기가 포함되어 있다.

50년대와 60년대의 이야기는 우리나라가 6·25사변을 겪으면서 어렵게 지낸 이야기이지만 그로 인해 향수를 불러일으킨다. 유학시절과 사랑의 이야기에서는 가난하고 힘이 들었지만 지혜롭게 순리대로 인생을 헤쳐나간 일들을 볼 수 있다.

캐나다 일터와 세무감사 이야기에는 그동안 세무관계의 일을 보면서 경험했던 세무 사건들의 사례가 포함되어 있다. 그 중에서 내 기억에 남는 에피소드가 있다. 어느 여인이 캐나다 법을 잘 몰라 어떤 사람의 조언만을 듣고 잘못 판단했다가 문제를 악화시켜 60만 달러의 세금이 부과되었다는 것이다. 이 문제를 해결하려고 회계사 사무실 몇 군데에 문의했으나 아무도 도와줄 사람이 없어 자살하고 싶은 심정까지 되었고, 마지막으로 정원섭 회계사 한 사람에게만 더 문의를 했다고 한다. 그 시기가 종합소득세 신고 업무로 엄청나게 바쁜 기간이었지만, 더 이상 갈 곳이 없는 사람을 성서에 나오는 선한 사마리아인처럼 도와주자는 생각에 무보수로 맡아서 우여곡절 끝에 벌금을 2,134달러로 해결했다.

이 일을 처리하기 위해 많은 시간과 노고를 들였고 담당 공무원에게 으름장을 놓는 일까지 있었다. 한 사람의 목숨을 자살의 위기에서 건진 것과 그 여인의 아들이 이를 계기로 하나님을 믿게 된 경위는 자못 드라마틱하다. 더구나 이 일이 사회에 알려지고 나서 돈으로는 살 수 없는 많은 사람들의 신임을 얻을 수 있었고 새로운 고객이 더욱 많이 찾아왔다. 매사에 하나님께 여쭙고 구하며 하나님의 관점에서 일을 처리하는 저자의 하나님께 대한 깊은 믿음을 헤아릴 수 있다.

여행기를 쓴 장에서는 정원섭 씨의 장난기 어린 성격이 잘 드러난다. 본인이 할 수 있는 범위에서 새로운 것에 도전하는 청년과 같은 도전정신이 재미있게 표현되고 있으며 여행 중에 느끼는 이방인과 같은 자유로움을 맛보게 해 준다.

현대사회에는 드라마틱하고 자극적인 이야기가 범람하고 있어, 그 강도가 더 높지 않으면 주변 사람들의 주의를 끌기가 어렵다. 하지만 우리가 공감하고 감동받는 것들은 오히려 조그맣고, 잔잔하며, 진솔한 우리 주변의 이야기가 아닐까 한다.

대단하게 극적인 요소를 보기는 쉽지 않으나 깨끗한 시냇물이 졸졸 흐르며 자잘한 조약돌에 부딪쳐서 물결을 일으키고, 미풍이 불면서 신선함을 선사하는 듯한 그런 책이다.

더구나 저자는 이전에 책을 한 번도 써보지 않았고, 외국에서의 생활이 한국 생활보다 훨씬 오래되어 모국어로 글을 쓰는 것이 그리 쉽지 않았을 터이다. 이러한 책을 내기까지의 용기에 극구 찬사를 보낸다.

아주대학교 명예교수 **남명자**

들어가는 글

1966년 한국을 떠나 미국 유학길에 오른 후, 언제부터인가 미국과 캐나다에서 이민 생활을 하면서 경험하고 느낀 것을 적기 시작한 것이 이번에 책 한 권을 쓰는 계기가 되었다. 처음에는 훗날에 후손들에게 필요하지 않을까 하는 막연한 생각에서 메모를 한 것인데 이와 같이 책으로 내게 된 것을 보면 '시작이 반이라'는 옛말이 꼭 맞다.

책을 출판한 경험도 없고 문학적 재능은 더욱 없다. 오랫동안 외국 생활을 해서 근래의 한국 정서와 문화에 익숙하지 않고 그동안 변한 한글 맞춤법에도 익숙하지 않아 책을 낸다는 것이 그리 쉬운 일은 아니었다.

형식에 구애받지 않고 쓰는 글을 수필이라고 하는데, 이 책은 수필보다는 자서전에 가깝지 않을까 하는 생각도 든다. 그러나 사실 내게 자서전이란 감당하기 어려운 것이었다. 유명하고 특별한 사람들이 쓰는 것으로 생각했기에, 나처럼 평범한 사람도 자서전을 낼 수 있을까 하는 생각이 들었다. 결국에 가서는 평범한 사람이니 평범하게 쓰기로 마음먹고, 유명인사의 추천이라든지 논평 같은 것은 피하고 누구나 쉽게 만날 수 있는 사람들의 도움을 받기로 했다.

주위의 몇 사람이 책을 쓰는 데 필요한 몇 가지 조언을 해 주었다. 독자에게 읽을거리가 되지 못하면 나무 한 그루를 낭비하는 것이 되니 내용을 충실히 하라고 하여 이 조언을 겸손하게 받아들이기로 했고, 출판사에서 도와주겠지만 요즈음 나오는 책들은 전과 달리 이해하기 쉽도록 간결하게 써야 하며, 사진이나 삽화 같은 것도 넣는 것이 좋다고 하여 그렇게 준비하도록 노력했다.

책의 제목을 정하는 것이 의외로 힘들었다. 몇 가지 제목을 놓고 이모저모로 생각하다가 처음 한국을 떠나서부터 지금까지의 이야기를 포괄하는 고유의 제목을 붙여보았다.

한국에서 밴쿠버에 온 사람들은 이곳에 사는 사람을 현지인이라고 하고, 여기서 20-30년 지낸 사람은 원주민이라고 한다. 그보다 더 오래된 사람을 원시인이라 하는데, 나는 바로 이 부류에 속하기 때문에 이 책을 내는 데도 힘이 더 들었다. 처음에 내용을 대강 종이에 쓰고, 그 다음에 정리해서 두 번째로 종이에 쓴 다음에 아내의 도움으로 컴퓨터에 입력하는 과정을 거쳤다. 처음부터 컴퓨터에 글을 써가면서 수정하면 될 것을 원시인답게 3단계의 과정으로 쓴 것이다.

미국에 유학하면서 밴쿠버에 잠시 다니러 왔을 때 아름다운 자연환경에 매혹되었다. 그래서 다시 이곳에 와서 결혼하고 정착했다. 그 후 어느덧 42년의 세월이 흘렀다. 그때 보았던 눈 덮인 산봉우리와 조화를 이루던 아름다운 바다가 지금도 계절에 따라 새로운 모습으로 눈앞에 펼쳐진다. 아름다운 풍광이 있고 없음에 사람의 행복이 좌우되는 것은 아니겠지만, 사람이 자연과 조화를 이룰 때 삶이 풍요로워지는 것이다.

이민생활이란 나무 한 그루를 풍토가 다른 곳에 옮겨 심는 것과 같아서, 과거의 생각과 방식으로 새 나라에 정착하려 하면 많은 문제가 생기게 마련이다. 돈만 가지고도 안 되고 열심만 가지고도 안 된다. 그 나라 문화와 정서에 건전한 우리 문화가 연결될 때 비로소 삶의 가치를 증진시킬 수 있는 것이다. 한 사람의 경험을 보여주는 이 책이 이민을 계획하는 사람들에게는 캐나다 사회를 이해하는 데 도움이 되고 이민온 젊은이들에게는 희망과 용기를 주었으면 좋겠다.

지난날을 돌아보면 유학, 결혼, 전공, 직업에 관계되는 여러 가지 일들은 모두 사람의 생각으로는 계획하거나 예측하기 힘든 것들이었다. 해와 달과 별들이 한 법칙 안에서 운행되듯이 지금까지의 생활이 하나님의 질서와 섭리에 따라서 흘러 왔음을 느낀다.

모든 영광을 하나님께 돌리며, 이 책이 나오기까지 여러 모로 도와주신 국민일보의 김무정 부장님, 진흥출판사의 최석환 이사님과 사진을 담당해주신 이원상님께 진심으로 감사를 드린다.

2011. 8.

정원섭

차 례

추천의 글 / 7
들어가는 글 / 11

제1부   **조용한 아침의 나라**
1. 햇빛 되게 하소서 _ 20
2. 조용한 전쟁터 _ 24
3. 서울은 불타고 있는가? _ 27
4. 어떤 수학여행 _ 33

제2부   **유학 시절**
1. 뉴욕 뉴욕 I _ 38
2. 뉴욕 뉴욕 II _ 43
3. "한국은 안전합니다" _ 47
4. 이글스메어 _ 49
5. 뉴햄프셔의 대학생활 _ 53
6. 민주주의의 병기고 _ 59

제3부 사랑의 만남

1. 외로운 사랑 _ 64
2. 먼 여행길 _ 68
3. 크리스마스의 추억 _ 74
4. 새로운 이름, 데니스 _ 80
5. 산행 _ 83
6. 내가 만나는 필그림 _ 85
7. "하나님이 그를 찾을 것이다" _ 87
8. 서양 며느리 _ 93

제4부 캐나다 일터에서

1. 캐나다 CA _ 100
2. "당신은 할 수 있다" _ 105
3. '코라디안' 이 되던 날 _ 108
4. "신사 숙녀 여러분!" _ 112
5. 직장 인터뷰 _ 121
6. 반란 _ 126
7. BMW와 도둑 _ 133

제5부 세무감사 이야기

1. 김치와 피클 _ 138
2. 이민 조건 해제 _ 142
3. 거짓말 _ 149
4. 하늘에서 온 사람 _ 154
5. 땅에서 온 사람 _ 162
6. 한국 소득신고 _ 170
7. 생활비 감사 _ 174

제6부　만난 사람들

1. 군대에서 _ 180
2. 직장에서 _ 185
3. 공항에서 _ 191
4. 대학에서 _ 196
5. 교회에서 _ 202
6. 실버타운에서 _ 206
7. 쿠바에서 _ 210
8. 산에서 _ 215

제7부　여행기

1. "바다의 전설" _ 220
2. 수상 스포츠의 천국, 멕시코 _ 225
3. 제주도 방문기 _ 230
4. 세인트 마틴 섬의 크리스마스 _ 235
5. 중국 여행기 _ 239
   1) 밴쿠버에서 북경까지 · 239
   2) 북경에서 연길까지 · 245
   3) 연길에서 밴쿠버까지 · 252

제8부　기자의 창

「창간특집」 밴쿠버 이민사를 기록하다 _ 262
　"4년 공부해서 이 정도면 괜찮지 않아요?"
연은순 기자가 만난 밴쿠버 사람들 _ 272
　"능력과 인격을 겸비한 캐나다 첫 한인 공인회계사"

제1부
조용한 아침의 나라

01
햇빛 되게 하소서

사람이 잘 살려면 나라와 부모를 잘 타고 나야 한다는 이야기가 있다. 이 두 가지 조건이 충족되면 처음부터 원만한 삶을 시작할 수 있으나 이 조건들은 주어지는 것이지 본인이 선택할 수 있는 것은 아니다.

내가 태어날 때 우리나라는 일제 통치의 마지막 단계에 있었고 제2차 세계대전의 전운이 우리나라까지 덮을 때여서 나라로부터는 별로 기대할 것이 없었다. 그러나 안정된 가정에서 태어나서 사회적으로 활동하시는 부모님의 좋은 영향을 받으며 자랄 수 있었던 것은 퍽 다행한 일이었다.

아버지는 서울 출신으로 오산중학교를 거쳐 연희전문학교에서 수학하셨고, 3대째 기독교 가정의 전통을 이어 일찍이 감리교회 장로의 직분을 맡아서 YMCA, 기독교세계봉사회와 합창단 등 문화 사업을 주로 하셨다. 1919년 3·1운동 때는 10대 소년으로 독립운동에 참가하여 일제 경찰서에서 잠시 곤욕을 치른 것 외에는 평범한 삶을 사셨다.

해방 전에는 고려합창단을 창설하시고 해방 후에는 대한합창단으로 이름을 바꾸어 1948년 8월 15일 중앙청에서 정부수립식 중에서 합창 순서를 담당하여 우리나라 역사에 조그마한 흔적을 남기기도 하셨다.

어머님은 지금 평양 공항이 있는 순안 출신으로 비교적 넉넉한 농가에서 자라셨다. 신교육을 받고 싶었으나 집에서 여자라고 신교육을 하는 학교에 보내주지 않았다. 그래서 어머님은 집을 나와서 멀리 전라도 전주의 선교사 집에서 일하면서 고학으로 수피아 여학교를 졸업하고 세브란스에서 간호원이 되어 평생 동안 공무원 및 간호학교 교장으로 한국 간호 사업에 이바지하셨다.

이북사람이라 적극적인 어머님은 본인이 어렵게 공부를 해서 그런지 어려운 사람을 이해하고 돕기를 즐겨하셨고 어려운 일들을 늘 신앙으로 감당하셨다. 나중에는 아버님께서 일찍 은퇴하시는 바람에, 가정 경제를 책임지고 힘들게 자녀들의 대학 교육까지 뒷바라지하셨다.

여자 혼자서 직장 생활을 해서 생활비와 교육비를 충당하려면 돈이 늘 부족했다. 어머니는 보이지 않는 곳에서 눈물을 흘리실 때도 많았다. 모자라는 돈을 이곳저곳에서 빌리고 보니 나중에는 감당하기 힘들게 되어 집을 팔고 이사할 수밖에 없었다. 남산동 집을 팔고 도동으로 이사해서 빚을 갚았다. 몇 년 지내다 보니 똑같은 현상이 일어나서 다시 도동 집을 팔아 상도동으로 이사를 해야 했다. 강남으로 이사를 하니 학교, 직장, 교회, 이웃들이 모두 멀어져서 온 가족이 많은 불편을 겪어야 했다. 그런데 이사를 갈 때마다 줄여서 간 곳의 집값이 올라서 두 번에 걸친 이사 후에도 나중에는 그런대로 살 만한 집이 하나 남게 되었다. 마지막으로 정착한 상도동에서 막내 자녀까지 대학을 졸업하여 돈 때문에 다시 이사할 일은 없게 되었다. 이 모든 것이 부모님의 기도에 대한 응답이라고 생각할 수밖에 없다.

언제부터인가 아침에 일어나서 온 가족이 모여 가정예배를 드리는 전통이 생겼다. 찬송가와 기도 후에 성경 말씀을 간단히 보면서 하루를 시작했다. 찬송가는 320장을 자주 불러서 우리 가족찬송이 되었다.

"아침 해가 돋을 때 모든 만물 신선해
나도 세상 지낼 때에 햇빛 되게 하소서
주여 나를 도우사 세월 허송 않고서
어둔 세상 지낼 때 햇빛 되게 하소서"

나중에 가사가 약간 바뀌어 552장으로 수록된 찬송이다.

가정예배 때 있었던 다른 일들은 잘 생각나지 않아도, 이 찬송만은 오늘까지 기억이 생생하다. 어려웠던 부산 피난 시절 즐겨 부른 찬송이었다. 10대 소년으로 가사를 생각하지 않고 교가나 군가를 부르는 심정으로 그저 따라 부르곤 했다. 지금 생각하니 이 찬송이야말로 부모님께서 자식들에게 주신 유산이요 유언이다.

'아침 해가 돋을 때'라고 해서 희망을 주셨고, 무의식중에서라도 '세월 허송 않고서 … 햇빛 되게 하소서'라는 삶을 자녀들에게 심어 주는 데 성공하셨다.

1960년대 삼막사로 가는 길에 가족사진(맨 왼족부터 저자, 아버지, 어머니, 동생들)

02
조용한 전쟁터

해방된 후 남자 아이들의 놀이는 딱지치기, 구슬다마치기, 자치기, 팽이치기 등 치기 놀이가 많았다. 국민학교, 중학교 학생들은 골목에서 병정놀이를 즐겨 했다. 상급학년 학생들은 계급이 높았고 하급학년 아이들은 졸병으로 큰 애들 눈치를 보고 심부름하며 따라다녔다. 왕따를 당하지 않기 위해서 가끔 좋은 것이 있으면 가져다 바치기도 했는데 우리 집에는 구제품으로 나온 우유 가루가 있어서 이런 목적으로 유용하게 쓰기도 하였다. 봄이 지나면 버찌 열매가 맺히는데 동네 아이들이 남산에 가서 이것을 따느라고 가지를 부러뜨리곤 했다. 그러면 산림 보호를 하는 관리한테 혼이 났으니, 도망 다니는 것도 동네 아이들의 중요한 일과였다.

이와 같이 잠들어 있던 고장이 1950년 6월 25일 아침 전쟁이 났다고 떠들썩해졌다. 아버지를 따라서 남대문시장에 가니 식량을 구하기 위해서 보통 때 귀하게 쓰던 재봉틀 같은 물건을 가지고 나와서 팔기도 하고, 내용은 몰라도 어른들이 군데군데 모여서 수군거리며 발걸음들이 빨라지는 것을 볼 수 있었다. 큰 거리에는 군복을 입은 사람들이 민간 트럭을 타고 북쪽으로 가는 모습도 보였다. 전쟁이 시작된 지 하루 이틀 후였던 것 같다. 학교에서 놀고 있는데 프로펠러 한 개 달린 비행기가 소리를 내며 날아가고 얼마 후에 어디선가 다른 비행기가 나타나서 '드르륵 드르륵' 하고 연기를 뿜으며 기관총을 쏘면서 왔다갔다하더니 양쪽 다 사라져 버렸다. 아마 이것이 6·25사변 최초의 공중전이었을지도 모른다.

'치기 놀이'는 돈이 거의 들지 않기 때문에 그 당시에 유행했던 것 같다. 딱지만 해도 그림 딱지를 사서 노는 것이 아니고 종이를 접어서 만들었기 때문에 동무들과 종이를 줍기 위해서 몰려다니기도 했다. 우리 집이 후암동에 있어서 삼각지, 갈월동, 동자동 쪽으로 자주 다녔으며 6월 28일 아침에는 동자동 굴다리 근처까지 갔는데 큰 구경거리가 생겼다. 서울역 쪽에서 전차가 다니는 큰 길로 탱크가 천천히 몰려오고 길거리에는 감옥에서 풀려나와 얼굴이 창백해 보이는 사람들이 떼를 지어 걸어가기도 하며 팔에는 완장을 찬 사람도 있었다. 병정놀이 할 때는 상상도 못했던 큰 탱크 위에는 철모를 쓴 군인이 전쟁하는 군인답지 않게 여유 있는 모습으로 군중들에게 답례하는 모습도 보였다. 워낙 더운 날이어서 탱크가 천천히 움직이고 가끔 서서 쉬기도 했다. 어떤 탱크는 뒷문을 열어서 그 안을 보여주기도 했다. 탱크 종류가 몇 가지 있었는데 이 탱크는 전투용이 아니라 수리하는 탱크 같았다. 일반적으로 알려진 국군과 인민군의 모습은, 국군은 철모를 쓰고 인민군은 풀을 꽂을 수 있는 헝겊 모자를 쓴 것이었기 때문에, 나는 처음에 탱크가 국군 것인 줄 알았다.

동자동에는 기찻길과 자동찻길이 교차하는 곳이 있었다. 기찻길 철교 밑으로 차도가 지나갔다. 탱크가 잠시 쉬고 있을 때 갑자기 기차 한 대가 전속력으로 남쪽을 향해 달렸다. 대부분 짐 싣는 곳 간차를 달았는데 가운데 문이 열려 있고 여러 칸에는 군인들이 큰 태극기를 들고 서 있었다. 나중에 안 일이지만 한강 육교는 이미 끊겼어도 기차 철로는 그때까지 파괴되지 않아서 마지막으로 후퇴하던 국군 부대가 그 기차를 탔던 것이다. 그런데 왜 인민군 탱크에서 적군 기차를 보고도 쏘지를 않았는지 궁금한 일이다. 이와 같이 전쟁터답지 않게 조용히 대한민국은 서울에서 사라지고 조선민주주의인민공화국의 통치가 시작되었다.

남산교회에서 고려합창 단원들과 함께
(앞줄 어린이가 저자, 맨 뒷줄 좌로부터 두번째 부친과 모친)

03
서울은 불타고 있는가?

60년이 지나서도 잊을 수 없는 것이 6·25사변이다. 전쟁이 일어난 후 3일 만에 서울이 함락되었다. 대부분의 서울 시민들은 피난을 가지 못하고, 9월 28일에 국군과 유엔군이 서울을 수복하기까지 3개월 동안을 공산 치하에서 살게 되었다.

각자의 경험은 달라도 죽음의 계곡을 걷지 않은 사람이 없었다. 젊은 남자들은 의용군으로 끌고 가서 조국을 향해서 총부리를 겨누게 하고, 일할 수 있는 사람들은 밤낮으로 불러다가 전쟁에 필요한 부역을 시키고, 과거에 잘 살았던 사람이나 교육을 많이 받은 사람이나 종교인들은 반동분자로 몰아서 사회의 적으로 만들고, 군경이나 관료 가족들은 납치해 가든지 처형했으며, 시도 때도 없이 집을 수색하고 약탈하는 등 그야말로 공포의 연속이었다.

그 당시 우리 가족은 후암동에 살고 있었다. 남산이 가까워서 미군 폭격이 심했고 점점 내무서원들의 활동이 늘어 당분간 서울을 나가 있는 것이 좋지 않을까 생각해서, 아버지와 자녀들의 반은 전에 잠시 살던 능곡으로, 어머니와 나를 포함한 나머지 자녀들은 후암동 집에 그대로 있게 되었다.

밤에 몰래 듣는 남한 방송과 입으로 전해오는 소식을 통해서 맥아더 장군이 인천에 상륙해서 서울로 진격해 온다는 것을 듣고 모든 서울 시민들은 아군이 속히 오기를 고대했다. 9월이 되어서는 멀리서 "쿵쿵" 하는 천둥소리 같은 것이 조금씩 들리기 시작하더니 날이 갈수록 점점 크게, 또 가까이 들렸다. 9월 하순에는 부상당한 인민군들이 얼굴에 붕대를 감고 거리에서 절룩거리며 북쪽으로 걸어가는 모습도 보이고 비행기 폭격도 점점 심해지는 것을 느낄 수 있었다.

서울 근교에서 전투가 벌어지자 능곡 소식은 완전히 끊겼다. 9월 27일에는 아군이 효창동 근처까지 들어와서 남산의 인민군과 포격전을 했다. 전쟁터에서 지낸 사람들은 포탄 소리만 들어도 가까이 떨어지는 것인지 멀리 지나가는 것인지 알 수가 있고, 총소리를 들으면 아군인지 적군인지도 구별할 수 있다. 이번에는 "쉬익" 하고 쇳소리가 나는 포탄이 퍽 가까이 떨어졌다. 동시에 미군의 집중 폭격도 시작되었다.

이제는 위험이 우리에게 직접 스며드는 것 같았고, 어머님은 아껴두셨던 쌀을 꺼내어 흰 쌀밥을 지으셨다. 그렇게 먹고 싶던 쌀밥이지만 막상 대하고 보니 넘어가지 않는다. 이것이 마지막 밥일지도 모른다는 생각 때문이다. 든든한 책상 위에 두꺼운 이불을 덮은 후 온 가족이 이불로 몸을 감고 책상 밑에 들어가 바깥 일에 귀를 기울였다. 폭탄이 근처에 떨어지면 일본식 다다미가 들썩들썩하고 천장에서는 먼지와 부스러기가 우수수 떨어졌다. 총알이 집안으로 날아 들어오면 쨍그랑 하고 유리창 깨지는 소리가 들려, 꼼짝도 못하고 기도하는 수밖에 없었다.

어느 순간에 비행기에서 기총소사를 하는 소리가 들리더니 옆에 있던 장이 흔들리며 무엇인가가 떨어졌다. 자세히 보니 어머니께서 덮고 계시던 이불에 불이 난 것이었다! 다행히 장 위에 있던 화병이 그 이불 위에 엎어져서 불은 꺼졌다. 기관총탄이 바깥벽을 뚫고 복도를 지나 집안 벽과 방안에 있는 장을 뚫고 어머니 이불에까지 와서 불이 난 것이다. 그 화병의 꽃은 그 전날 옆집에서 얻어다 장 위에 올려놓은 것인데 장이 흔들려서 마침 불이 난 곳에 엎어졌다. 또 이불은 어머니의 몸이 상하지 않도록 보호하는 역할을 했다. 밖에 나가서 물을 가져올 수도 없던 상황이었기에, 만일 그때 그 화병의 물이 아니었다면 큰일 날 뻔했다.

드디어 9월 28일 아침이 밝았다. 밤새도록 콩 볶듯이 시끄럽던 것이 새벽에는 조용해졌다. 가만히 밖을 내다보니 골목에서 총알 날아가는 소리가 다시 들려왔다. 일찍이 국군을 맞이하러 나갔던 사람 중에는 도망가던 인민군 총에 맞아 죽은 사람도 있었다. 잠시 후에 밖에서 사람들 소리가 나서 다시 나가보니 길 양쪽으로 얼굴이 검게 탄 해병대가 들어오고 있었다. 서울 시민들의 열렬한 환영 속에 들어오면서도 군인들은 긴장을 늦추지 않았고, 잠시 후 미군도 합류했다.

그 당시에 서울 지하도는 남대문에만 있었는데, 미처 후퇴하지 못한 인민군이 지하도 안에서 싸우다가 많은 사상자를 내어 남대문에서 남산으로 가는 길에는 시체가 많이 널려 있었다. 우리 동네에서 마지막으로 후퇴하면서 전봇대 위에 올라가서 줄을 끊던 인민군이 감전되어 까맣게 타서, 지나가는 사람들에게 "동무, 동무, 물, 물" 하며 도움을 청했다. 그 소리가 지금도 들리는 것 같다.

한편, 능곡으로 피난을 간 가족들의 이야기는 전혀 다르다. 8월 14일, 손수레를 빌려 의복과 생필품, 중요한 물건들을 정리해서 능곡으로 향했다. 나중에 들은 바로는, 능곡은 서울에서 40리 거리인데 길이 나빠서 오전에 출발했는데도 오후 3시경에 도착했다고 한다. 그 곳 파출소정치보위부를 지나칠 때 보초 당원이 나와서 '동무'라고 부르며, 어디를 가며 그 짐은 무엇이냐고 묻고 짐을 가지고 안으로 들어오라 했다. 그리곤 한 가방을 풀어헤쳤다. 많은 양복이 나오는 것을 보고 "동무, 착취 많이 해 먹었군." 하면서 양복 주머니를 뒤졌다. 봉투 하나가 나왔는데 겉봉에 '기독교문화협회

총무 정대성 장로'라고 쓰여 있었다. 그러자 당장 "동무, 예수쟁이로구만." 하면서 노려보았다.

때마침 남로당원이었던 생질 조카가 들어왔다. 깜짝 놀라면서 "우리 아저씨는 좋은 분이야. 그런 분이 아니야, 동무." 하면서 사태를 수습했다. 그때까지 아버님의 생질 되는 사람이 남로당원이라는 것을 몰랐는데 오랫동안 연락이 없던 사람이 어디서 갑자기 나타나서 위기를 모면케 해주었는지, 부모님은 우연한 일이 아니라고 믿으셨다.

그곳도 역시 공산당원들이 많이 돌아다녀 낮이면 산에 숨어 있다가 밤이면 이집 저집을 세 곳이나 피해 다녔다. 하루는 외부에서 온 사람들을 찾는다는 소식을 듣고 피신하려 했지만 갈 곳이 없어서 한 평도 안 되는 땅속에 굴을 파고 숨어 지내야 했다. 아이들이 소리를 내지 못하게 하며 밤을 지샌 적도 있다.

9월 15일, 미군이 행주 강을 건너기 시작했다. 얼마 후 탱크를 앞세운 미군 병사들이 나타나서 사람들은 힘차게 '대한민국 만세'를 외치며 환영했다. 낮에는 미군이 있어서 안심이 되었지만 밤이면 공산당이 민가를 돌아다니며 양민들을 괴롭혔다. 그래서 낮에는 '대한민국'이고 밤에는 '인민공화국' 천지가 되곤 했다.

미군이 속속 서울로 전진하고 있었으니 가족들은 서울 소식이 무척 궁금했다. 그런데 들리는 말로는 밤이면 서울 주변이 불바다가 되며, 후암동과 삼각지 일대가 다 타버렸다는 것이다. 서울에 있는 식구들 소식이 궁금해서 당장 서울에 가고 싶어도, 동네 사람들은 아직 위험하니 좀 기다리라고 했다. 아버지는 국군과 유엔군이 서울로 진격하는 때에 맞추어 쌀을 구해 가지고 출발하셨다. '모래내'라는 곳까지 가니 멀리서 한 여자가 오고 있지 않은가. 바로 서울에서 보낸 누나였다. 아버지는 너무도 기가 막혔다. "모두 어찌 되었니?" "모두 살았어요." 하고는 손을 잡고 부녀가 엉엉 울고 말았다.

04
어떤 수학여행

대학을 졸업하고 들어간 첫 직장이 대한여행사였다. 국제관광공사 산하에 있는 국영 기업체로서, 60년대 초반에는 5·16혁명 후 인맥을 통해서 직원을 뽑았던 것을 처음으로 공개 시험을 거쳐 6명의 신입사원을 뽑은 것이었다. 회사에서도 기대가 컸고, 우리 자신도 약간의 '엘리트' 의식을 가지고 있었다.

나름대로 열심히 일을 해서 어느 정도 인정을 받기도 했지만, 경험이 없었기 때문에 직장에 신입사원으로 들어가서 자리를 잡는 것은 그리 쉬운 일이 아니었다. 처음에는 서양 관광객을 위한 버스 투어를 따라다니며 선배들을 도와주면서 실습도 하고 국내 관광객 안내도 배웠다.

수학여행의 계절, 가을이 되었다. 가난한 시절이었던지라 수학여행이 그리 보편화되지 않아서 중학생들은 근처 명승지나 경주까지 다니는 정도였고 서울의 부유층 학교들은 설악산 관광을 시작할 때였다. 바쁜 가을 관광철에 첫 번째 안내로 서울에 있는 일류 여자 대학교 졸업여행 버스를 맡았다. 2박 3일 일정으로 설악산과 강릉을 보고 서울로 돌아오는 코스였는데 졸업여행 치고는 가장 장거리이고 고급이라 할 수 있었다. 같은 날 버스 두 대가 같은 코스로 떠났다. 첫 번째 버스는 선배가 맡았고, 내가 맡은 두 번째 버스는 도서관학과와 사회학과 학생들과 교수들로 한 차를 채워서 뒤를 따랐다. 안내원은 여관비를 지불할 현금과 도중에 검문소를 지날 때 필요한 담배를 가지고 다녀야 했다.

아침에 서울을 떠나서 진부령을 거쳐 설악산까지 가는 동안 학생들은 모처럼 친구들과 가게 된 졸업여행 분위기에 들떠 노래를 부르며 즐거운 시간을 가졌다. 도로가 좋지 않아서 설악산에 도착했을 때는 어두워진 뒤였다. 예약을 한 여관 앞에 버스를 세워 안내실로 들어가니 먼저 도착한 버스의 학생들은 이미 방을 배정받아 들어가고 있었다. 우리를 본 여관 주인은 난처한 표정을 하며 "이 지역의 XX부 직원이 방을 달라고 해서 예약된 방을 주고 나니까 큰 방 하나만 남았는데 어쩌죠? 그 분들에게 방을 안 주면 우리는 영업을 못하니 할 수 없었어요."라고 사정을 토해 놓았다.

그래서 선배한테 1호차가 예약한 방이라도 몇 개 나누어 주어야지 우리 버스 남녀 교수랑 학생 30여 명을 어떻게 하느냐고 했더니, 선배는 이미 방 배정이 끝나서 그럴 수 없다고 딱 잘라 말하는 게 아닌가. 너무나 뜻밖이라 황당하여 큰소리로 대들고 싶었다. 선배고 무엇이고 돌이라도 있으면 확 집어던지고 싶기까지 했다. 이 모습을 버스 안에서는 모두들 조용히 보고 있었다. 하는 수 없이 버스에 올라 상황을 설명했다. 큰 방 하나가 있으니 일단은 내려서 들어가자, 시간을 가지고 알아볼 테니 좀 기다려 달라고 했다. 그리고 서울에 돌아갈 때까지 최선을 다할 테니 잘못된 것에 대한 책임은 서울에 가서 물으라고 했다. 예상 외로 모두들 선선히 그러자고 했다. 한 학생이 불평을 좀 했지만 친구들이 말려 조용해졌다.

여관 주인은 미안하다고 몇 번이나 사과를 하며 저녁 식사 때 달걀을 하나씩 부쳐서 더 주는 '서비스'를 했다. 설악산에는 우리 회사 소속의 설악산 관광호텔이 있어서 호텔 지배인에게 사정 이야기를 했더니 방 두 개를 내주었다. 남녀 교수들에게는 하나씩 배정했지만, 아직도 학생들 30명은 큰 방 하나에 누울 자리도 없이 앉아있었다. 내가 왔다갔다하며 애쓰는 모습을 보던 학생들은 자기네는 괜찮으니 나도 같이 그 방에서 지내도 된다고 하며 어려운 순간을 지혜롭게 넘기려 했다. 그래도 그럴 수는 없는 일이어서 결국 운전기사와 종업원이 자는 데 끼어 하룻밤 새우잠을 자고 나와야 했다.

권력 기관에 있다고 힘으로 이미 다른 단체가 예약한 방을 빼앗는 공무원들이나 한 직장에 있는 선배 직원으로서 조금도 양보 못한다는 사람과, 30명이 한 방에서 밤을 지내고도 불평 한 마디 없는 학생들은 너무나 대조가 되었다. 이때 우리나라는 졸업여행을 온 대학생들에게 달걀 하나 더 주는 것이 '서비스'였을 정도로 가난했고, 공무원에게 담배로 기름을 쳐야 버스가 검문소에서 지체하지 않고 통과할 수 있던 시절이었다.

설악산을 보고 나서 강릉으로 향했고, 모두들 잠을 설쳐서 피곤했을 텐데도 신나는 졸업여행 분위기는 살아났다. 강릉 여관에 도착해서 방을 배정하는데, 여기서도 방이 부족해서 다시 한 번 학생들에게 만족스럽지 못한 시간을 주게 되었다. 식사를 하고 방에 들어오니 힘이 쭉 빠지고 심한 피로가 몰려왔고, 이제는 나도 사과나 변명 같은 것을 하고 싶지 않았다. 밤이 되어 캄캄해졌는데 밖에서 누가 문을 두들겼다. 열어보니 학생 대표 두 명이었다. 아무 말도 하지 않고 좀 나오라고만 해서 죄인 같은 심정으로 나섰는데, 나를 데려간 곳은 경포대 해변에 있는 강릉 관광호텔 커피숍이었다. 학생들은 나더러 수고했다고 말문을 열고, 따지는 것이 아니라 오히려 위로를 하는 것이 아닌가. 같이 커피를 마시고, 셋이서 아무도 없는 조용한 해변을 걸으면서 이런 이야기 저런 이야기를 나누었다.

서울에 돌아와서도 아무도 그 일로 회사에 불평한 학생이 없었고 오히려 어떤 학생은 지나가다가 우리 사무실에 들러 즐겁게 그때 이야기를 했다. 어려운 시간을 추억으로 만든 아름다운 사람들이다.

제2부
유학 시절

01
뉴욕 뉴욕 I

누가 미국의 첫인상을 이야기하라고 하면, 저녁때 비행기 아래로 시내 불빛이 보이기 시작해서부터 로스앤젤레스 공항에 착륙하기까지 보이는 불빛이 20분 정도 계속될 만큼 넓은 것과 LA 지역에 펼쳐진 고속도로의 규모를 보고 놀란 것이라고 하겠다.

LA에서 친구와 며칠을 지내고 덴버, 세인트루이스, 워싱턴 등지의 친지를 만난 후, 버스로 대륙 횡단의 종착지인 뉴욕 시에 도착했다. 뉴욕을 택한 이유는, 미국을 잘 몰랐기에 세계에서 제일 유명한 도시에서 공부하고 앞날을 개척하는 것이 좋을 것 같다고 막연히 생각했기 때문이었다. 그런데 막상 뉴욕에 오니 영화에서 보던 것과는 달리 거리는 더럽고 시끄럽고, 사람들은 불친절하며 범죄가 많은 병든 도시였다. 세계 경제의 중심지여서 사업가나 예술가에게는 좋은 곳일지 몰라도 나와는 맞지 않는 도시 같아서 기회되는 대로 떠나야겠다는 생각이 들었다.

뉴욕에 도착하자마자 YMCA호텔에 임시 거처를 정하고 다음날부터 신문 광고를 들고 다니며 숙소와 일자리를 찾기 시작했다. 이틀 후에 웨스트사이드 고층 아파트 동네 근처에 오래된 집 4층 방을 구할 수 있었다. 엘리베이터는 없지만 비교적 깨끗하고 조용한 곳에 있는 싼 방이었다.

어느 날 숙소에 돌아오니 매니저가 "당신은 참 행복한 사람이에요."라고 말을 건넸다. 앞뒤가 없이 하는 말에 얼른 이해가 가질 않아서 "그게 무슨 말입니까?"라고 물었더니 "오늘 낮에 당신이 없을 때 코리안 친구가 왔었지요. 그래서 나가고 없는 것 같다고 하니까 식사를 어떻게 하느냐, 방에 무슨 시설이 있느냐, 무슨 불편해 하는 점이 없더냐는 등 여러 가지를 자세히 묻고 같이 방에 올라가 보자고 해서 같이 가서 방을 보았어요. 이렇게 걱정해 주는 친구가 있으니 당신은 얼마나 행복한 사람인가요?"라는 것이었다. 그 분은 서울에서 기독교 모임을 통해서 잘 알게 된 C형으로 몇 년 전 미국에 와서 갖은 고생을 하며 공부해서 최근 경영대학원을 졸업하고 은행에 취직해 있었다. 얼마나 고마운지 몰랐다. 아무도 아는 사람 없이 외롭게 지내는데 이와 같이 염려해 주는 사람이 있다는 것은 그것만으로도 흐뭇한 일이었다.

뉴욕에서 내가 할 일은 두 가지뿐이었다. 유학을 왔으니 공부해야 했고, 수중에 한국에서 가지고 온 60달러밖에 없으니 당장 생활비를 벌어야 했다. 뉴욕은 큰 도시이고 월남 전쟁이 한창인 때여서 며칠 만에 직장을 구할 수 있었다. 다운타운에 있는 인쇄소였다. 책을 제본할 때 기계에 책을 넣는 일이었는데, 처음으로 해보는 육체노동이었다. 하루에 8시간을 서서, 그것도 기계에 보조를 맞추어 열심히 움직여야 했다. 양손은 종이에 베여서 군데군데 생채기가 났다. 종이 먼지가 심해서 공기도 나빴다. 다행히 동료들이 도와주어서 그런대로 몇 주 해나갈 수 있었으나, 일을 시작한 지 한 달 뒤에 노조에 가입해야 된다고 했다. 외국 학생 신분으로 노조에까지 가입해서 일하는 것은 불안해서 그 일을 그만두었다.

호텔 학교가 시작되었다. 학교를 다니면서 다시 일자리를 찾아야 했다. 호텔 공부를 하고 있으니 호텔 일을 하면 실습도 되어 좋을 것 같아서 여러 호텔에 연락한 결과 '델모니코스'라는 호텔 데스크에 취직이 되었다. 이 호텔은 시내 파크 애비뉴에 위치한 일류 호텔로 미국 역사책에도 나올 만큼 이름 있는 호텔이다. 하는 일은 예약 전화를 받고 타자를 쳐서 고객 명단을 만들고 프런트데스크 일을 간간이 돕는 것이었다.

미국에 온 지 두어 달밖에 되지 않은 때여서 전화를 받는 것이 그리 쉽지 않았다. 말을 잘못 알아들을 때도 있고, 차에서 거는 전화는 때로 잡음이 섞여 알아듣기가 더 힘들었다. 가끔 유럽에서 오는 장거리 전화는 구라파 악센트가 섞여서 진땀이 나곤 했다. 타자를 치는 일은 열심히 배워 큰 문제는 없었으나 이름, 주소의 스펠을 바로 읽기는 한동안 여전히 힘들었다.

 호텔 일을 시작한 지 일주일 지나서 낮에 일하는 스위스 사람 '라아퍼'라는 매니저가 부르더니 아무래도 내가 하는 일에 좀 문제가 있다는 뜻을 표시했다. 일을 그만두라는 것은 아니더라도 자기 기대에 달하지 못한다는 이야기였다. 사실 내 언어 실력이 일류 호텔 프런트에서 일하기에는 아직 준비가 안 되어 있다는 것은 나 자신 잘 알고 있었다. 그래서 저녁에 일하는 프랑스인 매니저 '두퍼'에게 이야기했더니 "당신은 나하고 일할 사람이다. 내가 라아퍼 씨에게 이야기할 테니 염려하지 말라."고 해서 일을 계속할 수 있었다.

 하루의 일과는 오전 9시부터 오후 2시 반까지 학교에서 공부하고, 오후 4시부터 자정까지 호텔에서 근무하는 다람쥐 쳇바퀴 도는 듯한 생활이었다. 사이사이 틈나는 대로 식사하고 이곳저곳으로 분주히 움직여야 시간을 맞출 수 있었다. 공부를 하려면 주말과 몇 분씩 있는 쉬는 시간을 이용해야 했다.

 이 호텔의 고정 고객은 당시 TV쇼로 유명하던 에드 설리반, 가수인 에디 피셔를 비롯해서 전직 대통령, 그리고 미국과 유럽, 특히 프랑스 계통 상류사회 사람들이 주류였다. 그런데 이런 유명한 호텔에서도 도난 사고, 화재, 폭력, 심지어는 자살 소동까지 심심치 않게 일어난다. 가끔 전직 국가원수급의 인물이 투숙하면 형사가 배치되는데 이럴 때면 신경이 날카로워진다.

미국에 체류하는 것 자체도, 미국에서 외국 학생 신분으로 일을 하려면 이민국의 허가를 받아야 한다. 유학 온 지 얼마 되지 않은 학생에게는 허가를 잘 해 주지 않는다. 그래서 대부분의 학생들은 이런 절차를 거치지 않고 일을 하고 있으며 싸움을 한다든지 사고에 연루되지 않는 한 이민국에서도 그냥 눈감아 주는 형편이었다.

02
뉴욕 뉴욕 Ⅱ

　유학생이라 적은 돈으로 교통이 편리하고, 동네 험하지 않고 깨끗한 곳에 있으려니 여러 곳을 옮겨 다녀야 했다. 뉴욕 시내에서 숙소를 찾는 것은 쉽지 않은 일이었다. 그러다 타임스퀘어 근처에 있는 거주용 호텔에 방을 정했다. 뉴욕에 장기간 체류하는 사람을 위해서 아파트 비슷한 시설을 갖춘 오래된 호텔이 많았는데 그 중 하나였다. 이런 호텔에 사는 사람들은 대개 노인들이나 가난한 사람들이었다. 사회적으로 하류층에 속하는 사람들이라 할 수 있다. 그래도 웨스트사이드의 흑인 동네보다는 훨씬 나았다. 8층에 있는 내 방은 아주 기본적인 시설만 되어 있었으나 깨끗하고, 또 복도와 엘리베이터도 깨끗한 것이 마음에 들었다. 아침부터 밤까지 밖에서 시간을 보내야 했던 나로서는, 시설이 그 정도로 청결하고 안전했으니 그 방에 있기로 했다.

　그곳으로 이사한 지 며칠이 지나서, 날이 밝을 때 눈을 떠보니 방안에 연기가 자욱했다. 순간 내가 물 끓여 마시던 작은 전기 곤로를 만져보았다. 차가워서 안심했다. 그 외에는 내 방에 불이 날 물건이 없으므로 틀림없이 어디 다른 곳에서 불이 났구나 하고 가만히 복도 문을 열어보니 밖에도 연기가 차 있었다. 문을 닫고 짐을 쌌다. 여권과 지갑, 시계를 챙기고 나니 짐이라고는 옷가지를 넣은 작은 가방 두 개뿐이어서 단숨에 꾸릴 수 있었다. 방 밖에는 아까부터 사람 기척이 없었다. 엘리베이터 단추를 눌렀더니 아직은 작동을 했다. 엘리베이터를 타고 아래층으로 내려갔다. 이상하게 아래층에도 사람이 없었다. 다시 올라와서 방에서 기다렸다. 이윽고 소방차 소리가 나더니 소방대원들이 도착해서 아래층에 있는 방의 유리창을 깨는 소리가 들렸다. 복도의 연기는 아까보다 더 짙어졌으나 누구 하나 소리 내는 사람이 없었고 모두들 문을 조금씩만 열고 기다리고 있었다. 얼마 후 소방대원들이 올라와서 불을 다 껐다고 했다. 사람들은 그때서야 복도에 나와서 옆방 사람들과 웅성대기 시작했다. 짐보따리를 싼 사람은 나밖에 없는 모양이었다. 아무리 가난한 사람이라도 60달러 가지고 유학 온 나보다는 짐도 많고 귀중품도 많을 텐데…. 한국에서는 불이 나면 사람도 사람이지만 귀한 물건을 챙기느라고 야단들인데, 이곳은 너무나 대조적이었다. 불이 나서 연기가 자욱한데도 소방 관계자의 지시를 기다리는 그 질서에 놀라지 않을 수 없었다.

　다시 침대에 누워 잠을 청했지만 잠이 올 리 없었다. 나 자신이 부끄럽기 짝이 없었다. 만일 내가 했던 대로 호텔 십여 층에 있는 사람들이 일제히 짐을 꾸려가지고 좁은 층계로 몰려나왔다고 하

자. 불보다도 사람과 짐에 걸려 넘어지고 다치는 소란을 떨었을 것 아닌가. 게다가 '불이야!' 하고 소리라도 쳤더라면 어떻게 되었을까? 한국에서 고등 교육을 받았다는 사람이 미국의 기초 질서를 보고 놀란 것이었다! 이 경험을 통해서 많은 것을 배웠다.

이런 생각에 잠겨 있는데 누가 문을 쾅쾅 두들겼다. 열었더니 적십자 마크를 단 여자가 와서 다친 데가 없느냐고 묻는다. 없다고 대답하고 문을 닫았다. 이 새벽에 소방대원을 따라와서 내 안전을 확인하는 사람이 있으니 얼마나 고마운 일인가. 또 잠을 청하는데 누가 또 문을 두들겼다. 아이쿠, 이번에는 또 무슨 일인가 하고 문을 열었다. 유니폼을 입은 남자가 와서 물건 피해 본 것이 없느냐고 묻는다. 내 두 보따리에 이상이 있나 하고 확인하러 온 것이다. 범죄가 많고 삭막한 대도시 뉴욕 같은 곳에도 이와 같은 질서가 있고 인간의 기본적인 안위를 염려해 주는 조직이 있다는 것을 처음 알았다.

이 일이 있은 후에 또 새로운 곳으로 숙소를 옮겼다. 얼마 되지 않아서 뉴욕의 대도시 생활이 싫증나기 시작했다. 새 학기부터는 뉴욕을 떠나서 제대로 된 미국 대학 캠퍼스에서 공부를 하겠다고 마음을 정했다. 이렇게 멀리 왔으니 좀 늦기는 했어도 여태까지 맛보지 못한 학창 생활을 해보자는 것이다. 그래서 여러 대학에 입학원서를 내고 장학금 신청도 아울러 해보았다. 그런데 계속 이사를 다니느라고 일정한 주소가 없는 것이 문제였다. 앞으로도 언제 어디로 이사해야 할지 모르니 지금 주소를 줄 수가 없어서 뉴욕에 처음 왔을 때 나를 찾아보고 간 C형의 주소를 이용하게 되었다. 떠돌이 생활을 하는 사람에게는 연락을 받을 수 있는 일정한 주소가 있는 것도 크게 도움이 되는 일이었다.

어느 날 저녁 C형으로부터 전화가 왔다. 어느 대학에서 편지가 왔는데 봉투가 두꺼운 것을 보니 좋은 소식 같다고 일러 주었다. 그곳까지 가서 편지를 가져올 시간이 없어서 전화로 읽어달라고 했다. 형의 말대로 역시 좋은 소식이었다. 뉴잉글랜드에 있는 대학에서 장학금을 준다는 통지와 함께 자세한 설명서가 온 것이다. C형도 나만큼이나 좋아하는 것 같았다. 나는 그날 밤 너무 좋아서 한잠도 못 자고 뜬눈으로 날이 밝기를 기다렸다. 완전히 밤을 새운 것은 그 때가 처음이다.

03
"한국은 안전합니다"

1960년대에는 한국에 전화가 널리 보급되지 않아서 해외에서 소식을 전하려면 대부분 편지를 써야 했고, 유학생들은 자신의 사진을 찍어 보내는 것이 가족에게 큰 기쁨을 주는 일이었다. 뉴욕에서 바쁘게 지내던 어느 날, 호텔로 일하러 가는 길에 사진 현상소에 필름을 맡기려고 들어갔다. 앞에 손님이 있어서 기다리는 동안 주인과 그 손님이 하는 이야기를 듣게 되었다. 내용인즉, 주인 아들이 미군 사병으로 한국 DMZ에서 근무하는데 오늘 온 편지에 가끔 공산군이 넘어와서 미군을 죽이고 도망간다, 며칠 전에도 미군 몇 명이 죽었다고 해서 걱정이라는 것이었다.

미국 사람들은 남의 일에 간섭을 잘 안 하는 터라 말을 하지 않으려고 했지만 그 근심하는 것이 지나친 것 같아서 내 차례가 되었을 때 그를 안심시키려고 말을 꺼냈다. 아들이 한국 어디에서 근무하느냐고 물었더니 임진강 근처라고 했다. 내가 한국군에 있을 때 바로 임진강 근처에서 근무해서 그곳 사정을 잘 안다고 했더니 그도 이야기를 듣고 싶어했다. 그래서 대강 알려 주었다.

인민군이 어쩌다 군사분계선을 넘어와서 해치는 것은 사실이나 그 횟수와 규모로 보아 별로 걱정할 일은 아니고 한국은 월남에 비하면 퍽 안전하니 걱정하지 말라고 위로했다. 사실 미국에 있는 고속도로에서 교통사고로 죽는 젊은이들도 상당하지 않느냐고 했더니 그도 수긍이 가는지 얼굴이 좀 밝아졌다.

일주일 후에 사진을 찾으러 다시 그 가게에 갔다. 그런데 문이 닫혀 있었다. 이상해서 가까이 가 보니 유리창에 자기 아들의 사진과 아들의 기사가 난 신문을 오려서 붙여 놓았다. 인민군에게 죽은 것이었다. 그 날짜가 내가 사진을 맡기러 가서 주인과 이야기하던 바로 그날이었다. 너무 섬뜩했다. 주인이 걱정하던 일이 일어난 것이다. 나와 그 이야기를 하던 순간에 죽었을지도 모르는 일이었다. 아버지가 어떤 영감을 받았던 것일까!

그 기사를 읽고 나니 사진을 찾으러 갈 용기가 나지 않았다. 마치 내가 아들을 죽게 한 것 같았다. 며칠이 더 지난 뒤 사진을 찾으러 가서 주인한테 "정말 유감입니다."라고 했더니 그는 "한국은 안전합니다!"라고 하며 사진을 꺼내 주었다. 나는 두말할 염치가 없어 사진만 받아 들고 도망치듯 뛰쳐나오고 말았다. 좋은 뜻으로 안심시키려 한 것이 이렇게 되다니….

04
이글스메어

9월 새 학기부터 다닐 대학교가 결정되고 장학금으로 학비가 해결되었으니, 이제는 기숙사비와 식비만 마련하면 더 일하지 않고 학교를 다닐 수 있게 되었다. 그래서 뉴욕보다는 돈 모으기가 수월한 피서지 호텔 쪽에서 여름 직장을 찾아 보았다. 펜실베이니아 주의 이글스메어Eagles Mere에 있는 그레스트몬트 호텔에 벨보이로 취직이 되었다.

그 호텔은 펜실베이니아 주 중부 야산 지대의 아름다운 호수가 내려다보이는 곳에 있었다. 여름 4개월 동안 여는 피서지 호텔로 종업원은 미국 전국에서 온 대학생으로 충당했다. 남자는 벨보이, 식당 일, 건물이나 시설을 유지, 보수하는 일을 했고, 여자들은 웨이트리스, 하우스 메이드와 아이 보는 일 등을 했다. 벨보이가 하는 일은 손님들이 투숙할 때니 호텔을 떠날 때 짐을 들어다 주는 것부터 해서 손님들이 필요로 하는 여러 가지 잡일을 해 주는 것으로, 웨이트리스와 마찬가지로 팁을 받는 일이어서 남자들에게 인기가 좋았다.

손님들은 대부분 경제적으로 여유 있는 중년과 노인층으로 번잡한 대도시를 피해 시원한 산속에서 1주일 이상 휴양하는 사람들이었다. 이런 손님들이 종업원들과 자주 대화를 하니 가족 같은 분위기에서 일을 할 수 있었다.

아침에 벨보이 둘이서 잔디밭에 있는 국기 게양대에 성조기를 걸고 해가 질 때는 내렸다. 영화에서 의장대가 하는 식으로 국기를 잘 접어서 손에 받쳐 들고 들어가고 아침에도 정성으로 게양했다.

어떤 때는 손님들이 불러서 국기 게양을 잘 한다고 칭찬해 주며 개인적으로도 대화를 해서 조금 친해졌다. 그렇게 되니 팁도 넉넉히 들어왔다. 어느 손님은 내게 와서 지폐 한 장을 손에 쥐어주고 갔다. 고맙다고 인사하고 보았더니 50달러짜리였다. 팁 치고는 너무 큰돈이라 쫓아가서 잘못 준 것 아니냐고 했더니 웃으면서 대학 학비에 보태 쓰라고 했다. 이 일을 통해서 이 나라는 무엇이든 맡은 일을 성실히 하면 인정하는 사회라는 것을 깨달았다.

미국에 도착한 지 일 년도 되지 않아서 미국 문화나 실정을 잘 몰랐기 때문에 아무리 일을 잘 하려고 노력해도 손님의 말을 못 알아듣는 때가 있었다. 어떤 손님이 스페셜 케이Special K를 달라 하는데 그게 무엇인지 모르는 때도 있었고, 3분 달걀 또는 5분 달걀을 달라는데 어디서 어떻게 만드는 것인지 전혀 감이 잡히지 않는 때도 있었다. 그럴 때마다 이해해 주는 고객들이 고맙기만 했다.

종업원들은 한 기숙사에서 생활했다. 미국 여러 지방에서 온 대학생들이었으므로 재미도 있고 남자보다는 여자가 더 많아서 남자 종업원들이 더 인기가 좋았다. 주말에 파티를 하면 미성년자들은 술을 살 수 없으므로 나를 데리고 가서 술을 사곤 했다. 그 당시 펜실베이니아 주는 주류 판매법이 까다로워서, 상점에서 한 번에 12병이 들어 있는 맥주 한 상자밖에는 팔지 않았다. 그 이상 사려면 일단 문밖에 나갔다가 다시 들어가서 사야 했기에 어떤 때는 서너 번씩 들어갔다 나왔다 할 때도 있었다.

종업원 중에 동양 사람은 나 하나였다. 그래서 나는 손님은 물론이고 다른 종업원들에게도 관심의 대상이 되었기 때문에 처신에 신경을 써야 했다. 어느 날 동료들이 종업원 숙소에서 그들 중 체격이 좋고 힘깨나 쓰게 생긴 사람을 데리고 와서 한국에서 배웠다는 유도를 이 사람에게 시범을 보여 달라고 했다. 유도는 학창 시절 4년간 학과목으로 되어 있어서 배우기는 했지만 내 체격이나 기술로는 누구에게 시범을 보일 실력이 못 되어 망설였다. 그랬더니 여러 명이 보여 달라고 계속 졸라댔다. 못한다고 하자니 기가 죽을 일이고, 한다고 나서자니 체격이 너무 차이 나서 자신이 없었다. 그래서 "유도는 유도장 시설이 되어 있어야지 이렇게 좁고 딱딱한 복도에서 하면 다친다."고 해도 막무가내였다. 하는 수 없이 복도에 누우라고 하고 한 팔을 목 밑에 집어넣고 목 조르기를 하니 그 친구가 갑자기 "캑캑" 하고 얼굴이 시뻘겋게 되어 풀어주었다. 아무리 힘이 좋아도 좁은 복도에서 목을 조르니 방법이 없는 모양이었다. 이것을 본 여러 사람들이 유도의 '위력'을 알게 되었다.

얼마 후에 '레바논'이라는 옆 동네 청년들과 싸움이 붙었는데 나더러 가서 좀 도와주라고 했다. 이러고 보니 내가 무슨 써클 회장이라도 된 것 같았다. 무슨 짓을 해서든 싸움을 말려야겠다는 생각을 하며 옆 동네로 따라나섰다. 가서 보니 동네 싸움이 났다는 소식을 들었는지 이미 경찰차가 와 있었다. 감옥에 가고 싶지 않으면 얼른 돌아가자고 하니 법을 무서워하는 미국 젊은이들은 아무 말도 못하고 발걸음을 돌렸다.

새 학기가 시작하는 9월까지 그곳에서 필요한 돈도 벌고, 젊은 날의 아름다운 한여름 추억을 피서지에 남겼다.

05
뉴햄프셔의 대학생활

뉴욕을 떠난 후 펜실베이니아 주 이글스메어 피서지 호텔에서 여름 한철 일해서 모은 돈이 1,000달러를 조금 넘었다. 일 년 전 고작 60달러만 들고 온 것을 생각하면 이 돈은 엄청난 액수로, 이제 일 년 동안 일하지 않고 공부에 전념할 수 있게 된 것이다. 미국에 온 지 일 년 만에 대학에 입학하고 장학금까지 받으며 기숙사에 들어가게 되었으니 더 이상 바랄 것이 없었다.

9월 초에 다시 한 번 짐을 꾸렸다. 뉴잉글랜드에 있는 캠퍼스로 향하는 버스에 몸을 실었다. 버스 창밖으로 새로운 경치를 내다보며 변화무쌍한 나의 환경을 깊이 생각했다. 이 얼마나 바라고 꿈꾸던 일인가! 이것이 실현되는 과정이 이 버스의 속도처럼 아주 빨리 다가온 것이다. 목적지를 향해 가는 몇 시간 동안 마음이 흐뭇했나. 말도 못 하게 즐거웠지만 한편으로는 미래를 알 수 없어 마음이 무겁기도 했다. 뉴잉글랜드 지방의 대학교는 공부하기가 힘들다고 하는데, 한국에서 대학을 떠난 지가 여러 해 되었고 과거에 대강 공부했던 실력을 갖고 따라갈 수 있을까, 영어로 페이퍼며 논문을 잘 쓸 수 있을까 걱정이 되었다. 그러는 동안 버스는 아름다운 캠퍼스에 도착했다. 이곳이 미국의 내 새 주소가 있을 곳이다.

대학 직원의 안내로 '스코필드 하우스'라는 대학원 기숙사에 짐을 풀었다. 전에 이사 다닐 때와는 달리 이번에는 할 일과 잠잘 곳을 정해 놓았고, 룸메이트까지 정해져서 새로운 환경에 적응하는 데 많은 도움이 되었다. 한 학기 동안 같이 지낼 미국인 친구는 옆 주洲인 버몬트에서 왔으며, 이공계 대학원생으로 퍽 점잖고 체구가 자그마한 친구였다. 룸메이트에게 조금이라도 폐가 될 일은 하지 않았다. 여자친구도 사귀는 것 같지 않고 착실히 공부하는 형이었다. 미국에도 이런 애가 있나 싶을 정도로 모범적이었다. 어쩌다 데이트하러 나갈 때는 반드시 샤워를 하고, 속옷부터 겉옷, 양말까지 갈아입고 갈아신고야 나가는 상당히 철저한 모습도 있었다.

대학이 있는 듀람이란 곳은 캠퍼스와 그 주변의 교수 사택들, 그리고 직원들이 사는 집, 생필품을 파는 상점들이 있는 중심가 말고는 다른 시설이 별로 없는, 말 그대로 대학촌이었다. 다른 도시와 연결되는 교통편이 불편해서 차가 없으면 외출하기 힘들었다. 그래서인지 '호스트 패밀리'라는 제도가 있었는데, 외국 학생들을 근처 도시에 있는 미국인 가정에 연결해 주는 것이었다. 명절이나 방학에 가끔 식사에 초대하고 드라이브도 시켜 주며, 어떤 집에서는 며칠 잠도 재워 주었다. 그뿐만 아니라 대학에서는 외국 학생들을 위해서 가끔 파티도 열어 학생들이 서로 사귈 수 있는 기회를 마련해 주었다. 대개는 댄스파티였기 때문에 춤을 잘 못 추는 동양 학생들에게는 별 도움이 되지 못했어도 남아메리카나 아프리카, 유럽에서 온 유학생들은 이런 기회를 잘 이용하는 것 같았다.

가을이 깊어지니 캠퍼스 중심가 양편에 있는 나뭇잎이 빨갛게 노랗게 물들어서 그야말로 장관을 이루었다. 점심 때 대학 본관 시계 종탑에서 흘러나오는 찬송가를 들으며 바람에 흩날리는 단풍 사이로, 책을 옆에 끼고 낙엽을 밟으며 걷는 그 기분은 아무리 감정이 둔한 사람이라도 한 번쯤 발걸음을 멈추고 주위를 둘러보게 만든다. 이제 비로소 학창 시절이 다시 시작된 것이다. 일 년 동안 대도시에서 메말랐던 정서가 되돌아오고, 드디어 진정 미국에 와 있는 나 자신을 새롭게 발견했다.

강의실에서 단풍길로 10분쯤 가면 구내식당이 있다. 식당에서 다양한 학생들을 만나서 이야기를 나누는 것은 하루 일과 중 공부로부터 자유를 얻을 수 있는 즐거운 시간이었다. 그 대학에 한국 학생이 네 명 있었다. 그 중에 한국에서 정외과를 졸업한 몇 년 선배가 되는 전형과 같은 과목을 몇 개 들었기에 자주 함께 밥을 먹게 되었다. 워싱턴에 가족을 두고 혼자 공부하러 온 그는 미국에 온 지 삼 년 되었고, 어학에 소질이 있는데다가 말주변이 좋아서 여러 사람들, 특히 여학생들에게 인기가 있었다. 처음에는 둘이서 밥을 먹던 것이 사람을 하나씩 사귀게 되어, 우리 둘이서 식사를 하러 가면 으레 몇 명은 우리 식탁으로 모였다. 어떤 때는 많은 사람들이 몰려와서 전형의 강의실처럼 되어 버리곤 했다.

그 식당에서 불구자 한 사람을 보았는데 얼굴을 비롯해서 손발, 전신이 비틀려 있고 말도 거의 못했다. 쟁반도 들지 못하고 혼자서 겨우 걸어 다니고 있었다. 그 학생이 식사를 하러 오면 늘 여학생들이 음식을 들어다 주고 같이 앉아서 말벗이 되어 주었다. 그에 대해서 한 여학생에게 물어보았더니, 이제 졸업반인데 여러 사람들이 사랑으로 도와주어 어려운 처지에 있는 그가 대학 교육을 마칠 수 있게 되었다고 했다. 이것이 미국 사회이다. 저런 불구자도 대학을 졸업하는데 몸이 성한 내가 못할 것이 무엇인가! 더욱 용기를 얻게 되었다. 여러 가지로 좋은 환경 가운데, 새로운 학창 시절은 나에게 참으로 귀한 시간이었다.

처음에 등록을 하고 나서 외국 학생들을 전부 모아서 영어 시험을 쳤다. 그 후에 영어 과목에 등록하라는 통지가 오지 않은 것을 보아 대학에서 요구하는 최소의 수준에는 도달한 모양이었다. 수강신청을 하기 전에 지도교수와 학과의 몇몇 교수를 찾아가서 인사를 하고 과목 선택에 관해 상의했다. 아무도 3, 4학년 과목을 택하라고 하지 않아서 처음부터 대학원 코스로 시작했다. 보통 외국 학생, 특히 선진국이 아닌 나라에서 온 유학생에게는 대학 3, 4학년 과목을 몇 개 다시 택하라고 했던 것이다. 그러면 그것만으로도 1, 2년이 더 걸릴 수 있다. 교수님 중 한 분이 나에게 관심을 가지고 친절히 대해 주어서 그 교수님 과목 두 개와 다른 대학원 과목 몇 개를 등록했다. 나중에 알고 보니 미국 학생들은 가능하면 분량이 적고 학점을 잘 주는 과목을 택한다고 했다. 나는 그것도 모르고 처음부터 상당히 분량이 많은 과목을 골랐다.

공부는 예상대로 힘들었다. 한국에서 대학 다닐 때는 원서를 몇 달 읽어야 한 권 마쳤다. 그런데 여기서는 과목에 따라서는 일주일에 책을 한 권씩 떼야 했으니 영어 기초가 모자랐던 나는 힘들 수밖에 없었다. 인문계가 아니라 이공계라면 문장을 덜 쓰고 기호나 숫자를 곁들여 쓰니 얼마나 좋을까 하는 아쉬움도 없지 않았다. 학문 자체도 동서양의 차이가 있는데, 졸업하고 나서 사회생활을 몇 년 하다가 다시 공부를 하려니 과거에 배운 것과 연관 짓기도 어려웠다. 그래도 다른 일에 신경 쓰지 않고 오로지 공부에만 힘을 쓰니 그런대로 따라갈 수는 있었다.

어느덧 추수감사절이 되었다. 학교에서 맺어 준 호스트 패밀리에 초대받아 전통적인 감사절 식사를 하게 되었다. 호스트 패밀리는 인근 도시에서 목회하는 목사님 가정이었는데 부인과 어린 딸 넷이 있었다. 목사님은 목회로 바쁘시고 부인은 아이들 뒤치다꺼리로 분주해서 오래 있을 형편이 못 되었다. 저녁 식사 후 기숙사에 돌아오니 캠퍼스는 텅 비어 있고 외국 유학생 몇 명만 응접실에 나와 텔레비전을 보고 있었다. 지금까지 바빠서 느끼지 못했던 외로움이 마음에 스몄다. 그 많던 자동차들은 다 없어지고 건물들도 대부분 불이 꺼져 깜깜하고, 타운에 있는 상점들도 명절이라 거의 다 문을 닫았다. 이렇게 명절이 되면, 어떤 때는 하나밖에 없는 식당도 문을 닫아버려 먹을 것을 미리 준비해 놓지 않으면 곤란할 때도 있었다. 크리스마스 연휴는 추수감사절 연휴보다 길다. 그래도 첫 해에 미리 친구의 호스트 패밀리에 같이 가기로 해서 다행이었다. 그렇게 며칠 지낸 것이 인연이 되어 그곳을 떠난 후로도 그 가정과는 40여 년째 계속 연락을 하고 있다.

뉴햄프셔 대학교 학창시절

06
민주주의의 병기고

뉴햄프셔 대학에서 첫 학기에 역사학과 과목인 '근대 미국 외교사'를 신청했다. 이 과목 담당 교수는 키가 작고 소아마비로 다리를 저는 닥터 롱이었다. 롱 교수는 강의실을 왔다갔다하면서 큰 소리로 거친 말을 섞어가며 재미있는 강의를 해서 학생들에게 인기가 좋았다.

시험을 치르지 않고 연구 페이퍼를 써서 평가를 받고 학점이 나왔다. 첫 페이퍼는 미국 역사에 나오는 여러 가지 사건들을 학생들에게 제비 뽑게 해서, 자기가 뽑은 사건을 가지고 연구 페이퍼를 쓰게 했다. 나는 반에서 유일한 외국 학생이었다. 그래서 그런지, 내가 뽑은 제목이 카리브 해에서 있었던 노예선에 관계되는 것이라, 역사적으로 너무 경미한 사건이므로 오히려 어려울지 모르니 다른 사건을 주겠노라고 배려해 주었다. 도움을 받는 것은 고맙지만 다른 사건이라고 반드시 더 쉽다는 보장이 없을뿐더러, 자존심도 허락하지 않아 그냥 처음 뽑은 사건으로 하겠다고 했다.

학기말 페이퍼 숙제로는 각자 자기가 태어난 날 뉴욕타임스지 1면에 나온 미국 외교에 관한 기사로 연구 페이퍼를 쓰는 것이었다. 그 날 강의가 끝나자마자 도서관에 가서 마이크로 피슈^{Microfiche : 카드 형태의 마이크로 필름}로 되어 있는 뉴욕타임스를 보았다. 1941년 1월 7일자 특종 기사가 루스벨트 대통령이 미국 의회에서 발표한 연두교서였다. 미국이 '민주주의의 병기고'가 되겠다는 내용으로 1면 대부분을 차지하고 있었다. 미국은 2차대전 중에 처음에는 참전하지 않고 중립을 지키고 있었다. 영국이 독일에게 시달리자, 루스벨트는 미국을 민주주의의 병기고로 만들겠다는 연두교서를 발표해서 영국을 비롯해 독일에 대항하는 우방 국가들에게 무기와 전쟁 물자를 대겠다고 독일에 대해 간접적으로 선전포고를 한 것이었다. 이런 식으로 이 과목은 각자가 태어났을 때 세계에서 어떤 일이 있었는지 알아보는 흥미롭고 좋은 기회였다. 거기다 2차대전 시 미국 외교 정책을 공부하는 데 많은 도움이 되었다.

롱 교수는 학생들의 흥미를 돋우기 위해서 루스벨트 대통령과 영국 처칠 수상의 회담에서 있었던 일화를 들려주었다. 전쟁이 한창일 때 수도 워싱턴의 여름은 너무 더워서 뉴햄프셔 주의 포츠머스 앞바다에 있는 군함에서 양 정상이 회담을 했다. 루스벨트 대통령이 처칠 수상을 만나러 방에 들어갔을 때 마침 처칠이 샤워를 하고 나와서 루스벨트가 무안해 하자 처칠은 "영국 수상이 미국 대통령에게 무엇을 숨길 것이 있겠습니까?"라고 해서 그 순간을 잘 넘겼다는 것이었다.

 그 후 30여 년이 지난 어느 해 겨울 따뜻한 햇볕을 찾아 멕시코에 휴가를 갔다. 그 휴양지에서는 식사 시간에 큰 식탁에 여러 사람이 둘러앉아 대화를 나누곤 했다. 사람들이 모이면 어디서 온 누구라고 자기소개를 하고 대화의 꽃을 피운다. 캐나다 밴쿠버에서 왔다고 하면 보통 아름다운 곳이라든지 자동차 여행이나 크루즈 여행을 갔을 때 다녀왔다는 이야기를 듣게 된다. 옆에 앉은 젊은 여자는 뉴햄프셔에서 왔다고 자기소개를 했다. 뉴햄프셔는 미국 뉴잉글랜드 지역에 있는 자그마한 주로 인구가 얼마 되지 않아 다른 곳을 여행하면서 그곳 사람을 만나기가 쉽지 않다. 반가워서 '나는 여러 해 전에 뉴햄프셔 대학을 나왔다'고 했더니 자기 남자 친구 아버지가 그 대학의 교수였다고 했다. 그 교수가 바로 나의 은사였던 롱 교수였다. 그 세월 동안 교수 수천 명과 학생 수만 명이 그 대학을 지나갔을 텐데 수만리 떨어진 멕시코에서 그 중 롱 교수의 이야기를 듣다니… 역시 역사적인 교수이다.

제3부
사랑의 만남

01
외로운 사랑

대학생이 되고 나는 서울 정동교회 성가대 대원이 되었다. 성가대석은 강단 오른편에 계단식으로 되어 있어서 교인들이 교회 안 어디서나 잘 볼 수 있고, 또 성가대석에서도 앞자리는 물론 뒷자리까지 교회 안을 잘 볼 수 있었다. 정동교회는 우리나라 최초의 교회로 오랜 역사를 통해서 여러 지도자들을 사회에 배출했으며 이승만 대통령을 비롯하여 장-차관과 국회의원 등 여러 정치인들과 학계 지도자들이 예배에 참석했다.

이대통령이 예배에 참석하는 날에는 미리부터 정동 골목에서 교통정리를 했다. 그리고 평소보다 사람이 많이 모였기 때문에 교회 안에 경호원을 배치했다. 서울 수복 후 몇 년 동안은 기관총을 단 지프차 몇 대가 앞뒤에서 대통령 차를 경호하고 다녔다.

이대통령 자리는 성가대석에서 바로 앞으로 내려다보이는 쪽에 있었다. 대통령이 옆문으로 들어와 프란체스카 여사와 함께 자리에 앉으면 예배가 시작되었다. 이대통령은 원래 감리교회 교인으로 배재학당 시절부터 정동교회와 인연을 맺고 국사로 바쁜 가운데서도 자주 예배에 참석했다. 그 당시 정동교회에서 성찬식을 할 때는 교인들이 차례로 단 앞에 나와서 무릎을 꿇고 목사님이 주시는 예수님의 살과 피를 상징하는 빵과 포도즙을 받았는데 대통령도 예외가 아니었다. 막강한 권력을 쥔 대통령이 하나님 앞에 무릎 꿇는 모습은 보는 사람들에게 깊은 인상을 주었다.

한편 나는 훌륭한 선배들 덕분에 대학교 1학년 성가대 초년생이었어도 마치 어른이 된 것처럼 장년예배에서 부를 노래도 배웠고 가끔 예배 후 성가 연습을 하고는 대원들이 어울려 시내에 있는 서울탕반이라는 곰탕집에 가서 식사도 하며 즐거운 시간을 보냈다.

어느덧 3학년이 되어 성가대 활동에 익숙해졌다. 한 교회에 오래 다니다 보면 자연스럽게 좋아하는 사람이 생겨 친해지고, 결혼하는 남녀도 나온다. 나도 새로 성가대에 들어온 한 여학생이 눈에 들어왔다. 좀 가까이 해보고 싶었으나 그 당시에는 눈에 띄게 데이트를 하는 경우가 거의 없었기 때문에 마음속으로만 관심을 가지고 있었다. 그러다가 군대에 갔고 2년 만에 4학년으로 복학하고 성가대에 다시 섰다. 그 여학생도 대학 졸업반이 되어 전보다 더 성숙해 있었다. 우리는 주위 친구들의 도움을 받아 만나기 시작했다.

그때만 해도 남녀가 데이트를 한다면 결혼을 전제로 하는 것이었지 요즈음처럼 그냥 젊음을 즐기지 못했다. 당시 나는 다른 사람들보다 군대와 대학을 일찍 마쳐서 아직 결혼할 나이가 아니었고 생활 기반이 없는 상태였는지라 적극적으로 사귀기 힘들었다. 자주 만나기가 어려웠고 졸업 즈음에는 더 이상 만남이 이루어지지 않았다. 상대가 만남에 응해 주지 않았기 때문에 결국 마음을 정리할 수밖에….

그러나 아무리 정리를 했다고 해도 그를 향한 생각이 떠나지 않았다. 사랑은 끊는다고 끊어지는 게 아닌가 보다. 오히려 더 자랐다. 성경 말씀에 있는 "구하라 그러면 너희에게 주실 것이요 찾으라 그러면 찾을 것이요 문을 두드리라 그러면 너희에게 열릴 것이니"마태복음 7장 7절라는 구절을 생각하며 구하기도 하고 두드리기도 했는데 왜 이루어지지 않을까! 하나님께서는 약속을 지킨다고 하셨는데.

대학 졸업 후에 첫 직장이 반도호텔 안에 있었고 그 직장에는 퍽 괜찮은 여직원들도 많아서 재미있기는 했다. 그래도 여전히 마음 한 구석에 그를 그리는 마음이 있었음을 부인할 수 없다. 한번은 반도조선 아케이드에서 우연히 마주쳤다. 근처 찻집에서 졸업 후 그때까지 지낸 이야기를 했다. 둘 다 이제는 의젓한 사회인이 되어 각자의 분야에서 활동하고 있었기에, 그 재회는 학창 시절의 불안했던 만남과 달리 푸근한 마음으로 만난 것이었다.

직장 생활을 하면서 틈틈이 미국 유학 준비를 했다. 학교에 입학도 되었고 미국 비자도 받았지만, 유학을 가면 돈을 벌어야 공부를 할 수 있으니 여자 사귀는 문제는 뒷전이었다. 주위에서는 도미한다고 부러워했지만 내 마음은 다시 한 번 미래에 대한 불안으로 가득 찼다. 주변에 인사를 하고 교회에서 마지막 주일 예배를 드리고 나왔을 때, 그를 보았다. 미국으로 떠난다고 간단한 인사를 건넸다. 미국으로 향하는 꿈이 그와는 영원한 작별을 하게 만들어, 옛 사랑이 희미한 추억이 되는구나 하는 순간이었다.

02
먼 여행길

    1966년 8월 30일, 로스앤젤레스로 갔다. 그곳에서 버스로 대륙 횡단을 시작해서 9월 초에 목적지 뉴욕에 도착했다. 처음부터 돈을 벌어야 했다. 아파트를 정하고 학교에 다니며 일하기 시작하니 미국 생활의 시작은 다람쥐 쳇바퀴 돌듯 바쁜 나날이었다. 어느덧 11월이 되어 고국의 친지들에게 첫 번째 크리스마스 카드를 보냈다. 그 당시만 해도 항공 우편료가 비싸서 미리 선편으로 보내야 했다. 그러면 한 달 후에나 한국에 도착했다. 명단에 따라 카드를 쓰다 보니 마지막 한 장이 남았다. 우선순위에서 밀려난 이름 셋 중에서 한 명을 골라 보내기로 했다. 3년 동안이나 잊고 있다가 이제 다시 연락한다는 것은 부질없이 여겨져 그만두기로 했다가, 마지막 순간에 마음을 바꿔 그 마지막 남은 카드를 그에게로 띄웠다. 그때까지 아직 불씨가 남아 있었던 모양이다.

    크리스마스 무렵에 답장 카드를 받았다. 이름 세 자 외에는 아무 내용이 없었다. 그 다음 해에도 연례적인 카드가 오고 갔다. 세 번째 해에는 알지 못하는 사람으로부터 답장이 왔다. "언니가 캐나다로 떠나서 카드를 그곳으로 보냈습니다."라고 친절히 일러 주는 편지였다. 조금 있다가 밴쿠버에서 자기가 카드를 보냈는데 이번에도 별 내용 없이 이름만 적은 카드였다.

사실, 한국에 계신 부모님께서 며느릿감으로 적합하게 생각하시는 아가씨를 일 년 전부터 소개해 주셔서, 사진을 주고받으며 편지 왕래를 하고 있던 중이었다. 직접 만나지는 못했어도 가정, 학력, 외모가 괜찮은 것 같아 학위 논문을 마치자마자 '소포결혼'을 결정할 단계에 이르러 있었다.

그러나 캐나다에서 그로부터 카드를 받고 나서 머릿속에서 잊었던 그가 살아났다. 같은 북미 대륙에 와 있으니 오고 갈 수도 있다. 마지막으로 정식 프러포즈를 해 볼까? 성사가 안 되더라도 한 지역에 살지 않으니 별로 불편할 일도 없을 것 같아서 일단 자존심을 접기로 했다. 그러나 한국을 떠난 후 상대의 근황을 모르는 것이 문제였다. 그 동안 결혼을 했을지, 약혼이라도 했을지, 또 밴쿠버에 왜 왔는지 아무것도 아는 것이 없는 상태였다. 어느 날 대학교 근처에 사시는 미국 목사님 가정에 초대받았을 때 이 이야기를 했더니 사모님께서 그 사람이 결혼을 했는지 안 했는지를 아는 방법이 있다고 하셨다. 밴쿠버 전화 교환수를 불러서 알고 싶은 사람의 전화번호를 물으면, 결혼했으면 남편 이름으로 되어 있을 테니 자기 전화번호가 없을 테고 미혼이면 자기 이름의 번호가 있을 것이라고 알려주었다. 그날 밤으로 기숙사에 돌아와서 밴쿠버 교환을 불러 이름을 대고 번호를 물었더니 그의 전화번호를 말해 주는 것이 아닌가!

잠자던 컴퓨터 화면이 마우스에 손을 대는 순간 밝아지듯이 그에 대한 생각이 갑자기 내 마음을 사로잡았다. 대서양 지역과 태평양 지역 사이에 세 시간 차이가 있어서 밤 12시에 걸면 밴쿠버는 저녁 9시이다. 그 시간이 좋을 것 같아서 그날 공부를 마치고 기숙사 공중전화로 밴쿠버에 전화를 했더니 신호가 가기는 하는데 받지를 않는다. 근무 시간이 일정치 않아 그 시간에 일하고 있을지도 몰랐다. 다음날 같은 시간에 다시 걸어보았다.

신호가 7-8번 울린 후에 마침내 전화를 받았다. 일하던 중에 잠시 자기 숙소 쪽에 왔다가 밖에서 전화 벨소리를 듣고 들어와 받았다고 한다. 오랜만에 듣는 목소리였지만 전에 듣던 그 목소리 그대로였다. 나한테서 갑자기 전화가 오리라는 것은 상상도 못 한 것 같았다. 장거리 전화 시간이 3분으로 제한되어 있어서 언제 밴쿠버에 왔으며 무엇을 하는지, 살기가 어떤지 등 아주 기본적인 이야기만 하고, 결혼했느냐고 물었더니 아직 안 했다고 했다. 전화 분위기는 편안했고 별로 부정적인 느낌은 없었다.

부모님께서 소개해 주신 아가씨한테는 미안하지만 아직 결혼을 약속한 것은 아니었으므로 나의 첫사랑에게 청혼하기로 마음먹고 "먼 여행을 같이 하자."고 간단히 편지를 써 보냈다. 당시 세태로 보아 만일 상대의 태도가 미온적이었거나 결정하는 데 시간이 오래 걸렸다면 이 인연은 이루어질 수 없는 것이었다.

기숙사 우편함은 1층 로비에 있었다. 편지를 보내고 일주일 되던 날 편지함을 열어보니 얇은 편지 한 통이 와 있었다. 대학에 입학원서를 제출하면 입학 허가가 났을 때는 안내 서류가 든 두툼한 편지가 오고, 입학이 거절되면 미안하다는 얇은 편지가 온다. 그의 회신이 너무 빨리 왔고 봉투가 얄팍한 것이 '불합격' 통지같이 여겨졌다. 엘리베이터 안에서 그냥 열어보았다. 첫 페이지에는 별 이야기가 없었지만, 둘째 페이지에 '긴 여행을 함께 떠나겠노라'고 했다. 서면으로 '합격' 통지가 온 것이다. 몇 년 동안 성탄 축하 인사 외에는 연락이 없었는데 얼굴도 다시 안 보고 일주일 만에 갑자기 약혼을 하다니…! 몇 년 동안의 공백을 뛰어넘어 양쪽이 즉시 결혼 결정을 한 것은 믿기 어려운 일이었다.

결혼 결정은 했지만 만난 지가 오래되어 얼굴이 잘 떠오르지 않았다. 만나서 여러 가지 이야기를 해야 하겠기에 보스턴 북쪽의 우리 대학교에 오라고 했더니 나더러 밴쿠버엘 다녀가는 게 어떻겠느냐고 했다. 즉시 은행에 있는 돈을 전부 찾아서 왕복 비행기 표와 선물을 사고 나니 남은 것이 별로 없었다. 밴쿠버로 떠날 날이 가까워 오는데 보스턴 이민국에 비자 연장을 위해서 보낸 여권이 돌아오질 않아 애가 탄다. 이 이야기를 들은 논문 담당 교수는 말하기를 과거에 한국 학생 한 명이 여권 없이 나이아가라 다리에서 캐나다 쪽으로 넘어갔다가 미국으로 돌아오지 못해서 국무부에 연락해 돌아오게 한 경험이 있으니 그런 일이 생기면 도와주겠노라고 했다. 다행히 출발하기 하루 전에 여권이 와서 그 문제도 해결되었다.

학위 논문 심사를 마치고 눈이 펑펑 내리는 2월 초순, 보스턴 로간 공항에서 출발해서 밴쿠버에 도착하니 이곳에도 눈이 와 있었다. 오래간만에 만나서 처음엔 약간 서먹하기도 했지만 며칠 지나는 동안 밀렸던 이야기를 하고 결혼 준비에 대해서도 이야기했다. 아름다운 스탠리 파크를 비롯해서 그라우스 마운틴, 브리티시 프라퍼티, 린 밸리, 브리티시 컬럼비아 주립대학 등 여러 곳엘 가느라 돈을 다 써버렸기 때문에 미국에 돌아가서는 친구 집에서 얼마 동안 신세를 져야 했다.

미국에서 석사 과정을 마치고 박사 코스를 위해 미국 대학 몇 군데와 밴쿠버에 있는 브리티시 컬럼비아 주립대학에 입학원서를 제출해서 그 중 몇 군데로부터 입학통지를 받았다. 게다가 브리티시 컬럼비아 주립대학으로부터는 학비 및 생활비까지 지급하는 전액 장학금을 받게 되었다. 이렇게 해서 밴쿠버에서 9월 새 학기가 시작되기 전, 한국을 떠난 지 만 3년이 되는 날인 8월 30일에 결혼식을 올리고 정착하게 되었다.

"구하라 주실 것이요"라는 말씀을 믿고 오랫동안 진심으로 노력했는데도 이루어지지 않았을 때는 왜 이루어지지 않는지 알 수 없었다. 사람의 생각으로는 두 사람의 관계가 끝난 것 같았는데 크리스마스에 마지막 남은 카드 한 장이 새로운 연결 고리가 되었다. 그 후 한 사람이 밴쿠버에 오고, 다른 이의 도움으로 전화번호를 찾아 연락해 결혼까지 하게 되었다. 미국에서 석사 과정을 마친 다음 브리티시 컬럼비아 주립대학에서 장학금을 받으며 박사 과정을 밟게 되어 경제적으로도 약간 여유가 생겨, 드디어 아름다운 밴쿠버에서 보금자리를 마련하게 된 것은 우연이 아니다.

뒤돌아보면, 생활 기반이 없는 젊은 나이에 오직 사랑하는 마음 하나로 결혼하자고 청한 것이 아니라 모든 조건이 다 갖추어진 다음 결혼하게 된 것이 얼마나 큰 축복인지 모른다. 이 일을 통해서 하나님께서는 믿고 구하는 자에게 그 분의 때에 그 분의 방법으로 주시기를 기뻐하신다는 것을 가르쳐 주셨다.

03
크리스마스의 추억

그동안 크리스마스를 내 나이만큼 많이 보냈다. 그 중에서 생각나는 해도 있고 이미 기억에서 사라진 해도 있다. 한 고장에서 오래 살면 시간은 빨리 가고 추억거리는 많이 생기지 않는다. 추억이 될 만한 크리스마스는 고향인 서울이나 지금 살고 있는 밴쿠버가 아닌 다른 곳에 잠시 있을 때 찾아왔다.

기독교 가정에서 태어나서 그런지 일찍부터 산타클로스 할아버지가 찾아왔다. 제일 오래된 기억은 2차대전 말엽 서울에서 북쪽으로 40리 떨어진 능곡 삼선당리라는 곳에 있다. 지금은 거의 서울시가 되다시피 발전했겠지만 그 당시만 해도 우리나라의 전형적인 시골이었던지라 하루에 기차가 서너 번 지나가면 다시 조용해지는 곳이었다. 아침이 되면 중학교 학생들이 서울 가는 기차를 타려고 논두렁길을 뛰어서 역으로 나가고, 검은 연기를 뿜는 커다란 기차가 북쪽에서 멋있게 오던 모습이 지금도 생생하다.

옛날 시골의 크리스마스는 어려서 즐겨 부르던 '탄일종이 땡,

땡, 땡 은은하게 들린다. 저 깊고 깊은 산골 오막살이에도 탄일종이 울린다' 라는 노래 그대로이다. 말 안 들으면 산타클로스 할아버지가 선물 안 가져다 준다면 말도 잘 들었다. 산타를 만나려고 잠이 늦게 들어도 꼭 잠이 든 다음에 오기 때문에 한 번도 보지는 못했다. 아침에 잠에서 깨 보면 양말에 사탕, 과자와 새 양말이나 새 장갑이 들어 있었다. 그 당시에 양말은 다 면이었기 때문에 며칠 못 가 발가락에 구멍이 났다. 오랜만에 새 양말을 신는 것도 크리스마스의 기쁨이었다. 지금 아이들이 받는 것에 비하면 참 보잘것없는 것이었지만 시골에서의 크리스마스는 손꼽아 기다려졌다. 산타 할아버지의 선물도 더욱 귀한 것이었다.

그 후 여러 해가 지난 12월 후반이었다. 세 달 동안 공산 치하를 겪은 서울 시민들은 이미 대부분 남쪽으로 피난길을 나섰다. 우리 형제들도 부모님이 만들어 주신 봇짐을 하나씩 걸머지고 추운 겨울날 저녁 남쪽으로 향하는 기차를 타기 위해 용산역으로 걸어갔다. 기차는 이미 안팎으로 초만원이었다. 우리 가족은 창문으로 넘어들어가 겨우 기차에 몸을 실었다. 기차가 너무 무거워서 속력이 느렸고 높은 곳은 힘이 모자라 올라가지 못했다. 반쯤 올라가다가 다시 내려가서 전속력으로 올라가야 했다. 그러니 부산까지 3일이 걸렸다. 다른 어떤 기차는 13일이 걸리기도 했다니 그 정도면 성적이 좋은 편이었다. 남으로 내려갈수록 사람들이 하는 말이 달랐다. "김밥 사이소.", "재치국 사이소." 하는 말들이 재미있었다.

부산에 도착하니 크리스마스 며칠 전이었다. 임시로 숙소를 정하고 어느 날 저녁 초량역 근처에 있는 교회에 찾아갔다. 그곳도 만원이었다. 아마 크리스마스 주일이나 이브쯤 되었던 것 같다. 그곳에서 무엇을 했는지는 생각이 잘 나지 않지만 처음 객지에서, 그것도 피난민으로 맞는 성탄절이어서 그런지 교회에 갔었던 기억만은 지금도 뚜렷하다.

1960년대 중반에는 미국에서 기억에 남는 크리스마스를 보냈다. 번화하기로 유명한 뉴욕 시의 타임 스퀘어 근처에 살 때여서 크리스마스가 되면 어떨까 하고 은근히 기대를 해보았다. 매년 11월 말 추수감사절이면 메이시 백화점 앞에서 감사절 퍼레이드가 출발했다. 그 해에 갔을 때는 사람도 많았고 행진도 볼 만했다. 12월이 되니 브로드웨이를 비롯한 큰 상가에는 사람이 붐비고 그런대로 축제의 기분을 느낄 수 있었다. 다른 사람들처럼 쇼핑은 하지 않았지만 고국에 두고 온 친지들에게 크리스마스 카드를 보내는 것도 내게는 기쁜 일이었다.

낮에는 학교에 다니고 저녁에는 호텔 프런트데스크에서 일할 때였다. 성탄절에 바쁠 줄로 알았던 호텔은 오히려 한가해져서 전체 객실의 20-30%밖에 차지 않았다. 어느 날 저녁 조용한 호텔 로비에 미군 장교 한 명이 긴 더플백을 들고 들어섰다. 뉴욕 시내 일류 호텔에서 군인을 보기는 쉽지 않았다. 월남 전쟁이 치열해지기 시작할 때였는데 이 대위는 아마 크리스마스 휴가로 고향으로 가던 길인 모양이었다. 추위에 떨며 들어오는 이 장교를 보고 나는 같은 값이면 좋은 방을 주려고 고르고 있는데 옆에서 같이 일하던 직원이 얼른 '우리 호텔에 오늘 예약이 다 되어 방이 없으니 다른 호텔을 소개해 주겠다'고 했다. 장교는 실망한 얼굴빛을 하며 아무 말 없이 떠나버렸다.

그 군인이 간 후 그 동료에게 방이 텅텅 비어 있는데 그게 무슨 말이냐고 물었더니, 흑인이 이 호텔에 들면 손님들이 싫어한다는 것이었다. 그 군인이 흑인이었다는 것도 그 사람 말을 듣고야 알았을 정도로 흑인 피가 조금 섞인 사람이었다. 역시 피부 색깔이 이 사회에서 중요하구나 하는 것을 절실히 느꼈다.

드디어 크리스마스이브가 되었다. 그 당시 뉴욕에는 맨하탄과 브루클린 두 곳에 한인 교회가 하나씩 있었다. 좀 멀기는 하지만 아는 사람이 몇 명 있고 전부터 몇 번 나가던 브루클린에 가기로 했다. 흑인 동네에 있는 그 교회는 밴쿠버에도 다녀가신 신성국 목사님이 시무하고 계셨다. 숙소를 나서니 눈보라가 치고 바람이 세게 불어서 우산을 써도 소용없었다. 전날까지 거리에 그렇게 많던 사람들은 다 어디로 갔는지 인적이 없었다. 상점은 모두 닫았고, 귀는 시려웠고 바람 때문에 앞이 전혀 보이질 않았다. 간신히 지하철 정거장까지 가서 소리가 요란하고 지저분한 지하철을 타고 저녁 예배 시간에 맞춰서 교회에 도착했다. 예배를 드리고 잠시 이야기를 나누는 사이 한두 사람씩 떠나버려서 나도 하릴없이 숙소에 돌아왔다. 누구 하나 이야기 나눌 사람 없이 매우 허전한 성탄이었다.

다음 해에는 뉴욕을 떠나 뉴잉글랜드에 있는 작은 대학 도시로 옮겼다. 가을에 대학에 도착하니까 외국 유학생들을 위한 '호스트 패밀리'가 있었다. 나는 어느 목사님 가정에 소개되어 몇 번 저녁 초대를 받아 가족과 대화를 나누며 시간을 보내곤 했다. 목사님이어서 아주 예의바르고 고상한 분이었지만 어딘가 사무적인 면도 없지 않았다. 그 대학교에 이형이라고 부르던 한국 분이 있었는데 그 분의 호스트 패밀리는 젖소를 길러서 우유를 생산하는 가정으로, 추수감사절 때 한번 같이 가서 이틀을 지내고 왔다. 순박하고 정이 가득한 기독교인 가정이었다. 내 마음은 그곳에서 더 편안했다.

대학가의 크리스마스는 대도시와는 달랐다. 성탄절 방학이 시작되니까 자동차가 있는 학생은 자기 차로, 없는 학생은 부모들이 와서 데리고 가서 캠퍼스는 하루아침에 텅 비었다. 남은 사람들은 외국 유학생들뿐이고, 지금까지 열심히 하던 공부도 마음이 어수선해져 손에 잡히지 않아 기숙사 응접실에 나와 앉아서 텔레비전을 틀어 놓고 마음을 달래는 것이 고작이었다.

그나마 호스트 패밀리가 있어서 크리스마스이브에는 미국 가정에 2-3일 있다가 오게 되어 퍽 다행이었다. 나는 이 형과 같이 감사절 때 갔던 농가로 가서 성탄절을 보냈다. 그 가정의 자녀들은 다 성인이 되었어도 어렸을 때처럼 온 식구의 선물을 양말에 넣어 가족이 함께 선물을 풀며, 피아노에 맞추어 캐롤을 부르고 사랑이 넘치는 흐뭇한 시간을 가지곤 했다. 40년이 지난 오늘날까지 한국에 있는 이형과 나는 성탄절이 되면 아름다운 추억을 엮어 카드를 보내며 이 가정과 우정을 지속하고 있다.

04
새로운 이름, 데니스

미국과 캐나다에서 7년간의 학업을 마치고 1974년 봄 드디어 귀국길에 올랐다. 한국은 정치적으로 불안하고 경제사정도 매우 나빠서 의무적으로 식당에서 밥에 잡곡을 섞을 때였다. 전에 일하던 직장에 가서 친구들을 만나니 한국에서는 말조심하라고 귀띔을 해 주었다. 공항에는 곳곳에 군인 초소가 있었고 길거리에 다니는 사람들에게서 불안함이 느껴졌다.

외로이 유학을 떠난 아들이 결혼해서 가정을 이루고, 캐나다 공인회계사가 되어 돌아와서 어머님의 회갑 잔치를 해드렸다. 부모님께서 매우 흡족해 하셨다. 한국에 도착해서 며칠 되지 않은 날 집에 둔 여행자수표가 없어져서 아메리칸 익스프레스 사무실을 찾았다. 그런데 그곳에서 수표를 재발급 받다가 우연히 캐나다 영사를 만났다. 그 영사는 밴쿠버 지역 출신이었다. 그는 모처럼 고향 사람을 만나서 반갑다며 자기 집에 저녁 초대를 했다.

영사가 운전하는 차를 타고 성북동 자택으로 갔다. 예술 조각품으로 꾸민 아름다운 정원이 있는 집인데 어느 대학교 미대 조각과 교수 집을 전세로 빌렸다고 했다. 부인은 정성스럽게 만든 음식으로 마치 오랜 친구를 만난 것처럼 대접을 해주었다.

영사는 밴쿠버의 여러 가지 소식으로부터 시작해서 한국에 근무하면서 어려웠던 일과 한국 정치 상황을 상세히 들려주었다. '한국 사람은 조금 사귀면 거의 다 부탁하는 일로 끝나는데 당신은 그런 관계가 아니어서 참 편하다'고 했다. 필자는 그에 대해, '물론 당신은 부담을 느끼겠지만 부탁하는 사람들은 좀 더 나은 미래를 위해서 그러는 것이다. 이해할 수도 있지 않느냐'고 동포들의 입장을 대변해 주었다.

한국 정치에 관해서는, 한국의 가장 위험한 요소는 군사 독재이고 이로 인해서 비상사태가 생기면 국제적으로 고립되어 어려운 일이 생길 수 있다고 했다. 그리고 캐나다 트루도 수상과 중국 모택동 주석과의 대화 내용과 청와대에서 있었던

밴쿠버의 첫 가을, 작은 공원벤치에 앉아

일 등, 국가 기밀이 아닌 정도의 흥미로운 이야기를 들려주었다.

캐나다에 살면서 한국 이름을 쓰면 불편할 때가 있다. 영어로 'Won Sup Chung'이라고 쓰면 '원쑵'이라고 부르기도 하고, 일일이 스펠을 말해 주어야 알아듣는 불편이 늘 따르곤 했다. 그렇다고 영어 이름으로 바꾸고 싶지는 않아서 예명이나 호처럼 쓰는 서양 이름을 하나 만들기로 했다. 그래서 영사에게 내심 생각하던 이름 중 어떤 이름이 편하겠느냐고 물어보았다. 영사는 '당신에게는 인종적으로나 문화적으로 독특하고 강한 느낌을 주는 이름보다는 평범한 이름이 낫겠다'면서 Dennis를 골라 주었다. 밴쿠버로 돌아와서 새 직장에서 일을 시작하자마자 Dennis를 쓰기 시작해서 지금까지 이 이름을 널리 사용하고 있다.

05
산행

내 산행의 시작은 교회 친구들과 그라우스 마운틴을 오른 것이었다. 여름철에는 케이블카 노선을 따라서 만들어진 그라우스 그라인드Grouse Grind로, 겨울철에는 노스 밴쿠버 린 캐년 파크에 매주 하루씩 시간을 정해놓고 등산을 한 지 벌써 10년이 지났다.

2.9km의 그라우스 그라인드는 밴쿠버 지역에서 가장 많이 애용하는 등산로로, 대부분 경사가 급하고 계단으로 되어 있어서 한 번도 쉬웠던 적이 없다. 그러나 사무실에 앉아서 일하는 나에게는 육체적인 도전이 되고 삶의 균형을 주는 것 같아서 어느 때부터 다른 일보다 이 산행이 우선이 되었다.

산 밑에서 간단히 발과 허리 준비운동을 하고 올라가면 나보다 빨리 가는 사람, 늦게 가는 사람, 간혹 위에서 걸어 내려오는 사람들을 만난다. 처음에는 '굿 모닝' 하고 비교적 정중하게 인사하고 지나치지만 중간쯤 가면 힘이 빠지고 숨이 가빠져 '헬로우' 하고 인사를 하며, 좀 더 올라가면 '하이' 하고 인사도 말을 줄이면서 호흡과 힘을 아끼게 된다.

그래도 올라가는 길에 1/4, 1/2, 3/4이라고 거리를 표시하는 팻말을 통과할 때마다 조금씩 성취감을 느끼고, 이제 힘든 코스가 줄었다고 생각해 새 힘이 난다.

어느 운동이든지 무리하면 좋지 않지만 산행을 적당히 하면 건강에 많은 도움이 된다. 아름드리 나무 아래를 걸으면서 대자연의 신선한 공기를 마실 때의 상쾌함은 실내체육관에서 하는 어떤 운동의 그것과도 비교가 되지 않는다. 산행 덕분에 아픈 것이 낫기도 한다. 많은 사람들이 산행 후 며칠 동안은 일상생활 가운데서 피로를 느끼지 않는다고 한다.

정상에 올라가면 앞뒤로 올라온 동료들을 만나고 저 아래 시내를 내려다본다. 함께 커피를 마시면서 한 주간의 피로를 풀고 삶의 지혜를 나누는 즐거움 또한 빠뜨릴 수 없는 것이다. 그야말로 하나님이 창조하신, 자연과 사람이 만나는 곳이라 할 수 있겠다.

10년 전이나 지금이나 자연은 변함이 없다. 울창한 숲, 흐르는 물, 들리는 새소리와 높은 산은 전과 다름이 없다. 사람의 생각과 상관없이 자연은 그 법칙에 따라 움직인다. 변한 것은 자연을 지나가는 사람들이다.

06
내가 만나는 필그림

한 고장에 오래 있으면 사람과의 인연, 어떤 행사나 자연과 만나는 역사가 길어지게 마련이다. 20여 년 전 초창기의 합창단원으로 처음 필그림을 만났다. 그 후 기회 있는 대로 필그림 연주를 관람하는 것을 잊지 않았다. 특히 석필원 지휘자와는 과거에 한 교회에서 신앙생활을 했고 부인들끼리는 학교 동창이라서 다른 교회로 갔어도 최소한의 관계는 유지해 왔다.

3년전 가을에 필그림 합창단 창단 25주년 기념행사를 했다. 이 연말 메시아 공연에 예전 단원들도 참가하면 좋겠다고 연락이 왔다. 나는 마치 예비역 장병이 재훈련을 위해서 훈련소에 입소하는 기분으로 다시 한번 단원이 되었다. 그렇게 결정한 또 한 가지 이유는 언젠가 다시 한번 메시아 합창을 하고 싶었기 때문이었다. 40년 전 한국을 떠나기 전에 시민회관에서 영어로 합창을 했다는 것은 좀 독특한 일이기도 하다.

밴쿠버에서도 메시아 곡 중 4번, 12번, 44번 할렐루야 같은 곡은 자주 불렀어도 거의 메시아 합창 전곡을 부른 것은 그때가 처음이었다. 과거에 부르던 영어 가사를 다시 우리말로 부르는 것에 적응이 되지 않았다. 사실 그 연주가 끝난 후에도 영어 가사는 기억이 나지만 우리말 가사는 점점 잊히는 것을 보고, 역시 공부는 젊어서 해야지 나이가 들어서는 어렵다는 것을 다시 한번 실감했다.

 합창을 준비하여 연주하면서 자연히 20년 전과 오늘의 필그림을 비교하게 되었다. 그때 그 사람들은 거의 다 바뀌어서 아쉬웠지만, 오늘까지 필그림을 키워 온 석필원 지휘자 부부가 그들의 젊음을 바친 것을 볼 수 있었다. 합창과 오케스트라 둘 다 많이 발전해서 오케스트라는 이 지역에서 밴쿠버 심포니 오케스트라 다음 가는 규모로 성장했고, 합창을 통해서는 노래 부르는 단원들과 청중이 함께 영적인 은혜를 받을 수 있었다. 대도시에 사는 좋은 점은 예술, 문화, 스포츠 등의 행사를 멀리 갈 것 없이 가까운 곳에서 즐길 수 있다는 것이다. 여기서 삶이 풍요해진다. 필그림은 향수에 젖은 사람들에게, 영적으로 갈급한 사람들에게 마음의 풍요를 주는 역할을 잘 감당하고 있었다.

 비록 나는 해병 출신이 아니지만 예술의 세계에서도 한번 만남은 영원한 만남이 되는 것이다.

07
"하나님이 그를 찾을 것이다"

　과거의 한국과 같이 전통적이고 보수적인 사회에서 살다가 개성을 존중하는 서양 사회에 적응하려면 다른 사람들과 여러 가지를 조정해야 하는 일이 많다. 그 중에서도 자녀들과 대화가 잘 안 되는 것이 가장 힘든 일이다. 부모들이 영어가 짧아서 그렇기도 하지만 그것보다도 다른 문화에서 오는 생각의 차이가 크다. 자녀들이 사춘기에 들어서면 이유 없이 부모나 사회에 반항하여 담배와 술, 마약 또는 불건전한 성에 이르기까지 나쁜 영향에 휩쓸릴까 봐 걱정하게 되며, 우리들처럼 이민 온 부모들은 자식들이 어떤 생각을 하고 어떤 문제가 있는지를 알기조차 힘들 때가 종종 있다.

　더욱이 북미의 서해안 지방은 밴쿠버에서부터 남쪽으로 샌디에이고까지 일반적으로 자유주의의 영향을 많이 받은 곳이다. 내륙 지방보다 더 문제가 많아 자식을 기르는 데 더 어려움이 크다. 우리 부부도 두 아들을 위해서 여러 가지로 노력해 보았지만 노력에 대한 효과는 없었고, 사실상 아이들에게 꾸준히 사랑한다는 것을 보여주는 것 말고는 특별히 한 것이 없다. 아들들은 이곳 서양 문화 가운데서 자라면서 주위 환경의 영향을 받아 생각하고 행동하며 부모보다는 친구들과 이웃의 영향을 더 받았을는지 모른다.

두 아들이 30대로 들어서서 결혼할 나이가 되었다. 둘 다 밴쿠버에서 태어났고 계속 여기서 교육을 받아 한국 여자들을 사귈 기회가 별로 없었기에 자연히 서양 아가씨를 사귀었다. 부모 된 욕심으로는 한국 며느리를 맞았으면 하는 바람이 있었지만 그 기대도 무리인 것 같았다. 그것은 희망사항으로 접어두고 누구든지 좋은 규수를 만나기를 바랄 뿐이었다.

드디어 큰 아들이 교제하던 금발의 아가씨와 결혼하고 싶다고 했다. 인상이 밝고 약간은 동양적으로 생겼다. 비빔밥을 비롯해서 김치, 불고기, 잡채 등 한국 음식을 좋아하는 것이 마음에 들기는 해도, 내 가족같이 느끼려면 시간이 걸릴 것 같았다. 서양식 결혼식은 평소에 신랑신부와 잘 아는 사람들을 초청해서 조촐하게 하는 것이 일반적이었다. 100명을 초청하면 큰 결혼식에 속했으니, 양가에서 각각 아주 가까운 친지들 몇 명 정도만 부르기로 했다. 결혼식 준비 일체는 아들과 며느리 될 사람에게 맡기고 우리는 옆에서 지켜보았다.

집안에서 처음 치르는 장남의 결혼식이었다. 부모로서 한 가지는 뜻대로 하고 싶은 것이 있었다. 결혼식을 교회에서 하는 것이었다. 아들에게 미리 이야기하지는 않았어도 아들이 교회가 아닌 다른 장소를 찾는다면 그때는 말을 할 준비를 하고 있었다. 교회를 빌리면 주례는 그 교회 담임 목사님이 맡고 자동으로 기독교 예식이 될 것이며, 결혼 전 카운슬링counselling도 그 목사님께 받게 될 것이기 때문이다.

결혼 준비를 시작하면서 어느 날 아들이 "아버지, 캐서린한테 하나님 이야기는 하지 않는 것이 좋겠어요."라고 했다. 왜 그러냐 했더니 그애가 하나님을 잘 믿지 않아서 지금은 이야기해도 효과가 없을 것이라는 말이었다. 나는 얼떨결에 "God will find her!"하나님이 그를 찾을 것이다이라고 대답하고 지나갔다.

얼마 후 아들이 와서 어떻게 준비했는가를 이야기했다. 약혼녀의 외할머니가 결혼식은 반드시 교회에서 해야 된다고 하셔서 교회에서 예식을 올리기로 했고, 교회는 웨스트 밴쿠버 집 근처 바닷가에 있는 역사가 깊은 성공회 교회로 정했고, 피로연도 역시 근처 바닷가에 있는 비취 레스토랑에서 하도록 추진 중이라고 했다. 모든 준비가 물 흐르듯이 자연스럽게 진행되었다. 그리고 부모로서 딱 한 가지 바라던 점이 말하기도 전에 이루어졌다.

결혼식을 주례하실 목사님은 예비신랑과 신부를 여러 번 만나서 이야기하고, 서로가 부부로 잘 맞는가를 확인해 주고 필요한 이야기를 들려 주었다. 서로에 대한 진실한 사랑을 확인하게 하고 가정의 중요성을 인식시켜 주었다. 그 후에 아들이 "아버지, 아버지가 말씀하신 대로 하나님이 그애를 찾으셨어요." 하고 기뻐했다. 결혼 준비를 하는 동안 캐서린이 하나님의 역사를 체험하게 되어 지금은 마음이 많이 열렸다고 내가 얼떨결에 했던 말을 상기시켜 주었다.

2003년 1월 25일, 토요일 정오에 작은 교회의 종소리가 바닷가로 은은히 퍼져 나가면서 식이 시작되었다. 엄숙하면서도 기쁨이 넘치는 이 결혼식을 통해서 참석한 사람들은 신랑과 신부의 사랑 위에 하나님의 축복이 함께 하시는 것을 느꼈다.

예식 후에는 피로연장으로 자리를 옮겼다. 신랑신부가 한복으로 갈아입고 들어왔다. 신부 한복이 너무 잘 어울려서 보는 사람마다 감탄을 금치 못했다. 금발 머리색깔에 어울리게 노란 색동저고리를 한국에서 맞춰 왔는데, 서양 사람에게 한복이 그렇게 잘 어울리는 것은 참 신기하고 반가웠다.

피로연장에서 우리 부부와 신부 부모가 함께 앉았다. 서양 사돈을 맞으니까 여러 가지 예식 절차가 간편하고 자유로웠다. 식사가 끝날 즈음 신부 어머니가 신랑신부의 이름을 넣어서 특별히 만든 메뉴를 오늘의 주인공인 딸에게 넘겨주며 결혼 기념으로 싸인해

달라고 했다. 잠시 후 사돈이 내 팔을 툭 치면서 "이것 좀 보세요." 하고 자기 딸이 싸인해 준 메뉴를 보여주었다. 거기에는 "Kathryn Chung"캐서린 정이라고 적혀 있었다. 결혼식 후 아직 결혼서약서에 잉크도 마르지 않았는데 어느새 성을 바꿔 쓴 것을 보고 신부 어머니는 섭섭해 했다. 며느리의 이같은 제스처에 말은 안 했어도 우리 부부는 은근히 기뻤다.

공원벤치에서 사랑하는 가족들과

나는 속으로, 캐나다에 와서 지금까지 많은 결혼식을 보았어도 오늘처럼 자연스럽고 사랑이 넘치는 결혼식과 피로연은 처음이었다고 생각했다. 아들과 며느리에게 고마운 마음이 넘쳤다. 신부 아버지는 내 마음을 들여다보기라도 한 듯이 자기 딸 결혼이어서가

제3부 사랑의 만남 91

아니라 자신이 본 많은 결혼식 중 오늘이 가장 아름다운 결혼식이었다고 손님들에게 인사말을 했다.

08
서양 며느리

　결혼 피로연이 끝난 후 아이들이 집으로 돌아와 인사를 했다. 큰절하는 법을 가르쳐 주어서 한국에서 보내온 한복을 입고 아들과 며느리가 부모에게 하는 인사를 받았다. 서양 사람들은 정성스러이 준비한 선물을 결혼식 때 주었다. 우리 쪽 몇 집에서 미리 현금으로 준 것이 있어서 그것을 인사할 때 주었더니 며느리가 대뜸 이 돈은 잘 간직했다가 집 살 때 보태 써야겠다고 해서 집부터 마련하고 싶어하는 마음을 알았다.

　얼마 후 저희들이 집을 보러 다니는데, 저축 없던 둘의 형편으로는 아주 싼 집밖에 살 수가 없다고 했다. 우리가 돈을 좀 빌려줄 테니 마음에 드는 집을 사라고 해서 아이들은 원하는 집을 사게 되었다. 장남이 결혼한 것이지만 우리와 문화와 정서가 다른 백인 아내와 잘 살아갈 수 있는지 모를 일이고, 또 돈을 거저 주면 부모에게 의지하는 마음이 생길 것 같아서 빌려주는 형식을 취했다. 하지만 사실 보태준 것이지 나중에 갚으라는 뜻은 아니었다.

결혼을 하고는 아들이 여러 면에서 변했다. 집에 함께 살 때는 방을 어질러놓고 게으르게 지내던 아들이 자기들 소유의 집이 생기니까 우리집보다 더 깨끗이 정돈하고 부지런히 손질을 하며, 여러 가지 가구와 가전제품 설명서를 보고 배워서 고장난 것은 손수 고치는 등 이전까지는 기대하지 못했던 일들을 했다. 우리가 못 고친 아들의 게으름을 며느리가 단시간에 고쳐버린 것이다.

사돈과의 관계도 우리 풍속과 다르다. 결혼식 때나 연중 절기 때 사돈 간에 선물 나누는 일이 별로 없어서 아쉽다. 성탄절이 되어야 온 가족이 모여 선물을 주고받는데 그것도 서로 부담을 주지 않기 위해서 아주 간단한 것으로 한다. 며느리에게 선물을 해도 자기에게 필요하지 않으면 되돌려 주었기에 미리 아들에게 물어보든지, 아니면 선물을 준비하는 데 나름대로 신경을 써야 했다.

결혼 후 일 년이 지나서 며느리가 임신을 했다. 해산달이 가까워오자 직장을 그만두고 집에서 육아에 관한 책을 읽으며 태어날 아기를 위해서 여러 가지 준비를 했다. 아들이 사는 곳은 밴쿠버 섬이어서 어느 날 집 근처 바닷가에 작은 배 Kayak를 가지고 나갔다. 배부른 며느리가 시어머니를 배에 태워 자기가 수영하면서 배를 밀고 다녔다. 우리나라 같았으면 상상도 못했을 일이다.

해산할 날이 가까워오니 아기 이름을 지어야 한다고, 어디서 들었는지 가문에 내려오는 돌림자가 있느냐고 물었다. 그래서 다음 세대는 '진'자 돌림인데 보통 남자에게 쓰고 여자아이에게는 꼭 쓰지 않아도 되니 마음대로 지어도 된다고 말해 주었다. 그러자 왜 여자에게는 안 쓰느냐고 약간 항의조로 반문하는 것이었다.

얼마 후에 딸을 낳았다. 혼혈아가 되어서 어떻게 생겼을까 궁금해 하며 다음날 페리를 타고 병원으로 갔다. 병실에 들어서니 며느리는 기다렸다는 듯이 손주를 안아보라고 내 팔에 안겨 주었다. 감격의 순간이다. 이목구비가 뚜렷하고 머리카락은 엄마 쪽을 닮아

저자의 가족사진(왼쪽부터 둘째 아들, 큰며느리, 손녀, 손자, 큰아들, 부인, 저자)

서 노랗고 피부가 희었지만 첫인상에 우리의 동양적인 모습을 보았다. 아기 외할아버지의 말을 빌리면 아기가 두 문화권에서 좋은

것만 가지고 태어났다고 한다. 귀가 잘 생긴것도 그 중 하나여서 아기 귀가 내 귀를 닮았다고 했더니 며느리는 정색을 하며, 자기 어렸을 때 귀를 꼭 닮았다는 것이다. 우리나라 며느리였다면 할아버지 귀를 닮지 않았더라도 그냥 인사치례로 그렇다고 했을 것이다. 그리고 며칠 후 메일로 자기 어릴 적 사진을 보내왔다. 정말 며느리 귀를 빼닮은 것이 아닌가. 잠시 후 카메라로 사진을 찍었는데 불이 번쩍 하니까 눈을 감고 있던 아이가 민감한 반응을 보였다. 며느리는 플래시로 사진을 찍으면 아기가 놀란다고 주의를 환기시켜 주었다.

아이 이름을 무어라 지었느냐고 물었더니 훼이Faye라고 하고, 가운데에 우리 족보의 돌림자인 '진'Jin을 넣어서 Faye Jin Chung 이란다. 집안 돌림자까지 생각해서 이름을 지은 며느리의 마음이 너무 고마웠다. 수고했다고 수표를 한 장 써서 선물에 넣어 주었더니 이것으로 훼이의 교육적금을 시작해야겠다고 해서 또 한 번 감명을 주었다. 2년 후에 아들을 낳았는데 역시 진 자를 넣어서 이름을 지었다.

우리 부부가 밴쿠버에서 아이들을 키울 때는 공부하고 일하느라고 둘 다 바빠서 자식들에게 소홀한 적이 많았다. 며느리가 집에서 아이들을 기르는 것을 보면서 배울 점이 많다. 음식은 무공해 식품이 좋으므로 가능한 한 정원에서 손수 키운 것을 쓰고, 텔레비젼은

엄격히 규제하고, 장난감을 고르는 것, 해야 될 것과 하지 말아야 될 것을 하나하나 자세히 설명해 주고, 옷이나 운동 기구는 재활용을 많이 하고, 항상 자연과 친하게 살며, 이웃을 배려하라고 늘 가르친다.

저자의 부모님, 보이스카우트 손자들과 함께

제4부
캐나다 일터에서

01
캐나다 CA

1969년, 십 년을 그리던 사람과 밴쿠버에서 결혼하고, 아내는 병원에서 간호사[RN]일을, 나는 브리티시 컬럼비아 주립대학에서 정치학 박사 과정을 시작했다. 원래 꿈은 외교관이 되는 것이었는데 그 당시 한국은 군사독재 시절이어서 졸업한 후에 한국에 가서 일하기가 어려웠고, 캐나다에서는 외국인이어서 외교관 자격이 되지 않으므로 진로를 바꾸기로 결정했다. 적성검사 결과 회계사가 성격에도 맞고 직업을 구하기도 쉬울 것 같아서 회계사가 되기로 했다.

캐나다에서는 CA, CGA, CMA라는 세 가지 공인회계사가 있다. 각각 회계사협회가 있어서 회원의 자격, 교육, 감독 및 그 외 여러 가지 업무를 담당하고 있다. 세 가지 공인회계사 중 CA 되기가 제일 힘들다고 해서 다시 한번 어려운 일에 도전하기로 마음먹고 CA 학생 자격을 줄 수 있는 CA 회계법인 몇 군데에 이력서를 넣었다. 인터뷰를 해보니까 회계학에 대한 상식이 전혀 없어서 일하기 힘들 테니 먼저 기본과목 몇 개를 마치고 직장을 구하는 것이 좋을 것이라고 조언해 주었다. 다행히 KPMG의 전신인 TGHC 회계법인에 취직이 되어 1970년 5월부터 일을 시작했다. TGHC는 캐나다에서 가장 크고 밴쿠버에서도 이름난 회계법인으로 회계학을 전혀 공부하지 않았어도 미국에서 받은 석사학위를 인정하고 채용한 것이다.

CA 회계사협회인 CICA는 Canadian Institute of Chartered Accountants의 약자로, 영국 회계사 제도를 본받아 1900년 캐나다에서 최초의 공인회계사협회를 설립하여 회원들에게 CA 자격을 부여하며, 캐나다 모든 회계사가 사용하는 캐나다 회계원칙 및 실무를 수록한 CA Handbook회계사 지침서을 발행하고 국제적으로도 캐나다를 대표해서 많은 연구에 참여하고 있다. CA 협회는 높은 수준의 자격과 경험을 바탕으로 하는 교육을 강조한다. 회계사가 되려면 반드시 CA 회계법인에서 최소한 2-3년의 연수를 거치고 협회 규정에 따라 회계감사 실무의 조건을 충족한 후, 여러 번에 걸친 주 협회 시험을 통과하고 마지막에는 전국적으로 동시에 시행하는 4일간의 최종 시험에 합격해야 CA 자격을 얻게 된다. 우리나라 사람의 경우 CA 수가 다른 회계사보다 적다. 수련을 할 수 있는 CA 회계법인에 취직하기 힘들고 최종 시험의 부담이 크기 때문이다.

회사에서 일을 시작하기 전에, 면접 때 조언 들은 대로 기초회계학과 상법 두 과목을 수료했다. 5월 5일에 첫 출근을 했더니 1970년도 신입사원 20명이 모여 있었다. 대부분 밴쿠버 지역의 4년제 또는 5년제 상과대학 출신들로, 4년제 출신은 3년을 연수해야 하고 5년제 출신은 2년만 연수하면 학생과정을 마치고 최종 시험을 치를 자격을 얻는다. 나는 3년 연수 프로그램으로 그 날부터 동료들과 함께 회계업무를 시작했다. 상대에서 4년 배운 사람과 같은 일을 해야 했고 전문 영어도 달려서 매우 힘들었다. 그래도 이들은 동기라서 그런지 모르는 것을 친절히 가르쳐도 주고 어려울 때 격려하는 것을 잊지 않았다.

　상과대학 졸업자들을 따라가기 위해서는 일하면서 한 학기에 2과목씩, 일 년에 6과목을 공부해야 했다. 1년 4개월쯤 되어 일과 학업이 어느 정도 안정되었을 때 우리 부부에게 첫 아들이 태어나서 생활이 더 복잡해졌다. 아침에 일어나면 아기 우유부터 먹이고 아내를 일하는 병원에 데려다 주고 다시 집에 와서 아침 식사를 간단히 한 후, 아기를 병원 근처에 있는 탁아소에 데려다 놓고 차는 그 앞에 주차한다. 나는 버스로 회사에 출근하면 아내가 일을 마친 뒤에 아기를 찾아 집에 온다는 일과표를 따라서 움직였다. 좀 바쁘긴 했어도 하루하루 발전하는 생활이어서 서로 의지하며 기쁘게 살았다. 그 후 일 년 반이 지나서 두 번째 아들이 태어나면서는 아내는 직장을 쉬고 나는 귀가하면 식사 시간 이외에는 공부를 해야 했기 때문에 한 집에 살아도 아이들이 자라는 모습을 거의 볼 수 없었다. 내가 공부하는 방문을 열어서 눈이 마주치면 큰 아들은

"아빠, 공부!" 하고 문을 닫아버렸다.

어느덧 3년이 흘러서 1973년에는 3년간의 연수과정과 모든 과목 및 브리티시 컬럼비아 주 CA 협회에서 주관하는 시험을 전부 마쳐서 1년에 한 번 전국에서 동시에 실시하는 최종 시험을 치를 수 있게 되었다. 이 시험은 하루에 4시간씩 4일간 보는데, 전국에서 최종 응시자 중 50-55%를 합격시키고 불합격자에게는 두 번 더 응시할 기회를 준다. 여기에 합격해야 CA 자격증을 받는 것이다.

드디어 최종 시험 합격자를 발표하는 날이 왔다. 시험을 치른 동기생들이 사무실에 모여들어 초조히 결과를 기다리고 있었다. 회사 대표가 회계사협회에 가서 자기 회사 수험생들의 봉투를 받아다가 한 명씩 이름을 부르며 나누어주는 형식이었다. 먼저 봉투를 받은 한 사람은 편지를 읽어보고는 쓰레기통에 집어던지고 나가버렸다. 분명히 불합격이다. 아무리 합격이라는 편지를 받았어도 그 분위기가 너무 긴장되어 있었던지라 좋아하는 내색을 하는 사람이 없었다. 내 옆에 있던 친구가 먼저 편지를 받고는 무표정하게 있어서 합격이냐고 물었더니 그렇다고 하면서 안도의 숨을 쉬었다. 얼른 보니 그 편지 색깔이 푸른색이었다. 전에 선배들이 합격자와 불합격자의 편지 색깔이 다르다고 했던 기억이 났다. 이번에는 푸른색이 합격자인 모양이었다. 그가 너무나 부러웠다. 잠시 후 나도 편지를 받았다. 뜯어보니 흰색이었다. 앞이 캄캄해졌다. '아, 떨어졌구나!' 하는 공포감에 휩싸였다. 옆에서 내 모습을 지켜보던 친구가 어디보자 하고 내 편지를 보더니, "너 붙었어!" 하지 않는가. 다시 편지를 눈에 대고 글씨를 보았다. 첫 문장이 'Congratulations!', 즉 축하한다는 말로 시작했는데도 극도로 긴장해서 그것도 보이지 않았던 것이다. 나중에 알고 보니 내 옆에 있던 친구가 받은 것은 브리티시 컬럼비아 주 시험 한 가지에 아직 합격을 못 했다는 조건부 합격통지서였고, 내 것은 모든 것을 통과한 완전 합격통지서였다. 이로써 회계사 공부를 시작해서 CA 자격을 얻기까지 3년 반이 걸려서 한인 최초의 캐나다 공인회계사가 된 것이다.

1974년, 공인회계사 수료식

얼마 후 호텔 밴쿠버에서 수료식을 거행했다. 당시만 해도 회계사 대부분이 남자여서 회계직원 200명 중 10명 정도만 여자였고, 동양 사람의 진출은 매우 부진해서 브리티시 컬럼비아만 하더라도 전체의 2-3%에 그쳤다. 40년 후 지금은 새 회계사 중 남녀 비율이 거의 같고, 동양 사람의 진출도 급증해서 중국인이나 한인도 많은 회계사를 배출하고 있다.

02
"당신은 할 수 있다"

   삼 년 반의 세월 동안 회계사가 되겠다는 한 가지 목표에 올인했다. 자신을 돌아볼 겨를도 없었다. 그런데 막상 이루고 나니 목표가 없어져서 그런지 마음이 불안하고 앞으로 다가올 일들이 막막했다. 그제서야 비로소 내 자신에 대해 생각하게 되었다. 여태까지 공부하고 사회생활을 하면서 바쁘게 사느라고 단순하게 지내왔는데, 갑자기 공부의 부담이 없어지고 시간이 생기니까 이 변화에 어떻게 적응해야 할지 알 수 없었다. 다른 사람들이 아버지 노릇하며 운동과 취미 생활을 할 때 나는 공부와 일로 대신해서 할 줄 아는 것이라고는 공부와 일밖에 없었다.

   그래서 하루는 아내와 함께 동네 가까이에 있는 레크리에이션 센터에 가서 크로스컨트리 스키와 볼룸댄스 프로그램에 등록했다. 당시에는 한인들이 밴쿠버 시에 있는 던바 공원에서 25센트씩 걸고 배구를 하곤 했다. 이민 초기에는 나도 했지만 잘 하지를 못해서 재미가 없었다. 그래서 기왕에 할 바에는 다른 사람들이 하지 않는 운동을 해서 무엇인가 남보다 잘해보고 싶은 마음이 들어 스키를 택한 것이다. 댄스는 직장에서 매년 크리스마스 파티에 갈 때마다 꿔다 놓은 보릿자루처럼 앉아만 있어야 했기에 동료들에게 처지는 마음이 들어서 택했다. 두 가지 다 기초부터 배우니까 그런대로 따라갈 수 있었고 이것을 통해서 새로운 것에 도전하는 자신도 생겼다. 이와 더불어 일주일에 한 번씩 저녁에 실내 배구 프로그램에 등록해서 서양 젊은이들과 운동을 했다. 이 사람들은 누가 잘 따라가지 못하면 친절히 가르쳐 주고, 실수하면 '당신은 잘할 수 있다'고 격려해 주며, 잘 하면 손을 마주치며 사기를 돋우어 주는 것이 우리 민족과 달랐다. 함께 단체 운동을 해보면 사람의 성품을 알 수 있고 나라마다 국민성도 어느 정도 짐작할 수 있다.

나는 학창 시절부터 운동에는 별 취미가 없었다. 턱걸이도 잘 안 되었고 뜀박질도 잘 못했으며 구기 운동은 좋아하기는 했지만 나보다 더 잘 하는 사람이 못 하는 사람보다 많았으니 경쟁이 심한 우리나라 사회에서 자연히 운동과 담을 쌓은 것이다. 그러나 이곳 서양 사회는 다르다. 이 사람들은 잘 하는 사람이 못 하는 사람의 어려움을 기꺼이 나누는 인내가 있다. 이때부터 시작해서 30년 동안 배구를 계속했고, 멕시코나 쿠바, 카리브 해 휴양지에서는 비치발리볼_{해변에서 하는 배구}과 여러 가지 수상 스포츠를 배워 여러 나라 사람들을 사귀었다. 승마와 수상스키, 요트, 암벽타기 같은 다른 운동에도 이것저것 도전해서 소극적이던 자세를 조금씩 적극적인 자세로 바꾸었다.

대부분의 운동은 다른 사람들과 같이 하도록 되어 있어서 운동을 통해 다방면의 사람들을 사귀게 된다. 또 아름다운 자연과 접하며 스트레스를 풀고, 운동에 대한 이야기가 여러 사람과의 좋은 공통 화제가 되어서 좋다. 한 번은 건강 검진을 위해 의사를 만났는데 퍽 사무적이고 불친절하게 대하는 것이었다. 검진 때문에 이야기를 하던 도중 무슨 운동을 하는 것이 있느냐고 묻길래 매주 그라우스 그라인드에 올라간다고 했더니 자기도 거기에 등산한다고 하면서 마치 동료를 만난 것같이 갑자기 친절해졌다. 이와 같이 운동은 사회생활도 윤택하게 할 수 있다.

03
'코라디안'이 되던 날

사람이 출세하려면 부모와 나라를 잘 타고나야 된다는 말이 있다. 이 두 가지 다 선택의 여지는 없었는데 근래에 와서는 외국 여행을 많이 하고, 해외에 나와서 사는 사람들이 많으니 가고 싶은 나라의 선택은 용이하다 하겠다.

나라마다 법과 제도가 달라서 어떤 나라에서는 그 나라에서 태어나고 평생을 살아도 국적을 주지 않고 그에 따라 사회적인 차별 대우를 하는 나라가 있는가 하면, 캐나다와 같이 영주권을 받은 지 3년이면 시민권도 받을 수 있는 나라가 있다. 역사가 오래되지 않아서 누가 크게 주인 노릇하지 않기 때문인지도 모른다.

삼십여 년 전인 1975년에 있었던 이야기이다. 캐나다에 온 지가 5년이 넘어서 캐나다 시민이 되고자 신청서를 제출했더니 캐나다 시민 한 사람을 동반하고 와서 인터뷰하라는 통지가 왔다. 그 당시는 영주권을 받고 5년이 지나야 시민권을 받을 자격을 주었고, 인터뷰 내용은 사람에 따라서 차이가 있었겠지만 보통은 캐나다 정당과 정당 지도자의 이름, 여왕의 이름, 10개 주의 이름과 인구로부터 시작해서 과히 어렵지 않은 사회, 법률, 정치 문제를 포함했다. 그래서 영어만 좀 되고 공부를 해 가면 웬만한 사람은 다 합격할 수 있었다. 국민학교 선생을 하다가 은퇴하신 옆집 할머니와 함께 밴쿠버 시내에 있는 시민권 부여 여부를 판정하는 법정에 들어서니 마치 일반 회사 사무실같이 현대식으로 되어 있었다. 나이가 지긋한 판사가 학력과 경력이 적힌 신청 서류를 보고 첫 말을 꺼냈다. "Are you a friend of Park?"당신은 '박'의 친구입니까? 이 당시에 한국이 정치적으로 매우 불안했고, 박정희 대통령의 독재 체제에 관한 비난이 국내외로 자자할 때여서 박이 누구인지는 금방 알 수 있었다. 그래도 시민권 부여 여부를 공식 인터뷰해서 결정하는 자리인데 좋든 나쁘든 내 나라를 대표하는 대통령을 '박 대통령'도, "미스터 박"도 아니고 "박"이라고 마치 옆집 아이 이야기하듯이 하는 태도는 마음에 들지 않았다.

그 순간 몇 가지 생각이 머리를 스쳐갔다. '남의 나라 대통령을 그렇게 부른 데 대해서 항의할까? 아니다, 지금 그럴 필요는 없다' 그렇다고 그대로 받아들여 대답하기에는 자존심이 허락하지 않았다. 나는 잠시 생각한 다음에 "한국에는 박씨 성을 가진 사람이 많은데 어느 분을 말씀하십니까?"라고 정색하고 반문했다. 그러자 판사는 당신은 상당히 외교적이라고 말하고 그 이야기를 접었다. 다시 서류를 보더니 "미국에서 정치학을 공부했군요. 그러면 한국 정치 제도를 캐나다 정치 제도와 비교해서 설명해 보십시오."라고 비교정부론에 관해 거창한 질문을 했다. 첫 번째 질문에 성공을 못 했으니 다른 질문으로 다시 공격하는 것이었다. 두 번에 걸친 질문 내용으로 보아 나로부터 박대통령이나 한국 독재 체제에 관한 비판을 듣고 싶은 모양이었다.

시민권 법정은 다른 법정보다는 자유롭고 덜 위엄이 있다고 할 수 있지만 캐나다 국기가 있고, 여왕 사진이 걸려 있고, 증인도 참석해 있으니 법정으로서 갖출 것은 다 갖춘 곳이었다. 첫 번째 질문만으로도 지나치다 생각이 드는데 계속해서 이런 질문을 하다니…. 그곳이 한국 정치나 정치 제도를 다룰 자리가 아니었으므로 나는 또 한 번 모면의 길을 택했다. "사실 내가 한국을 떠난 지 여러 해 되었고 그 동안 한국 정치 제도가 바뀌어서 현재 제도를 잘 모르지만, 만일 한국을 떠나기 전 정치 제도와 비교하라면 할 수 있습니다. 또는 캐나다 정치 제도를 미국이나 영국 제도와 비교하라면 그것도 할 수 있습니다."라고 오히려 질문을 두세 개로 만들어 주었더니 별로 재미가 없는지 웃으면서 다음 질문으로 넘어가 버렸다. 그런 식으로 하다 보니 10분 만에 간단히 끝났다. 같이 갔던 옆집 할머니는 판사가 질문한 것이 잘못되었다고 지적하고, 대답을 잘 피했다고 하며 판사를 대신해서 미안해 했다.

그 후 얼마 있다가 시민권을 받는 선서식이 있으니 오라는 통지를 받았다. 그 즈음 CA가 되어 공인회계사 회사의 직원으로 여러 회사를 다니며 회계 감사를 하고 있었다. 마침 그때 감사하던 회사가 지금 켈리-더글러스 그룹의 한 회사로, 식료품 도매와 소매를 하는 기업체였다. 이 회사는 몇 년 동안 계속 감사를 담당했으므로 직원들과 친밀한 사이였다.

다음날 시민권을 받기 위해 그 회사의 회계 책임자인 '밥버니' Bob Burnie 씨에게 "내일은 내가 시민권을 받으러 법정에 나가야 하니 다른 때보다 좀 출근이 늦어지겠습니다."라고 했다. 시민권을 받은 후 회사에 가니 버니 씨는 이리 좀 오라고 하며 나를 어느 사무실로 데리고 들어갔다. 그 사무실에 직원이

캐나다 CBC 국영 TV에 나온 저자

몇 명 기다리고 있었다. 테이블 위에는 컵케이크 조그마한 케이크에 초한 개를 꽂아 놓았으며, 종이로 만든 캐나다 국기와 '코라디안 환영' Welcome Koradian 이란 글을 새겨 놓았다. 나는 너무나 뜻밖이라 좀 당황하기도 했지만 그 우정이 아주 고마웠다. '코라디안'은 코리안과 캐나디안을 합한 말이었다. 나는 캐나다 시민권을 받음과 동시에 최초의 '코라디안'이 되었다.

04
"신사 숙녀 여러분!"

이민자들에게 북미에서 사는 데 가장 힘든 것 한 가지를 꼽으라고 하면 영어라고 쉽게 말할 수 있다. 막노동하는 데서는 거기에 필요한 몇 가지만 알면 되지만, 말을 많이 하고 글을 많이 써야 하는 전문 분야 종사자들에게는 고급 영어 실력이 필수다. 내가 하는 일도 여러 회사를 감사하는 것이고, 진급해서 더 큰 회계법인의 수퍼바이저로 일하게 되니 늘 언어 실력이 모자랐다.

그 회사에서는 수퍼바이저가 되면 교대로 밴쿠버 상공회의소 Board of Trade에서 주관하는 강연 코스를 10주간 밟아야 했다. 나도 차례가 왔다. 아픈 데를 건드린 것처럼 영 마음이 편하지 않았다. 다른 시험공부를 할 때는 남보다 시간을 많이 들여 열심히 하면 되고 일할 때는 남보다 더 부지런히 하면 되지만 서양 사람들, 그 중에서도 회사 중진들과 영어로 입씨름을 해야 했으니 이때는 이야기가 달랐다.

강연은 10주 동안 일주일에 한번 3시간씩 하는 것이었다. 첫날 호텔 밴쿠버 이층의 모임 장소로 무거운 발걸음을 옮겼다. 방에 들어가서 하라는 대로 신발을 벗고 이름표 하나를 달고 이 사람 저 사람 만나서 적당한 대화를 나누었다. 그러다 모두 앉으라고 해서 몇 테이블에 둘러앉으니 식사가 나왔다.

한 테이블마다 돌아가며 자기소개를 하라고 한다. 사람마다 각각 자신의 과거, 현재를 소개했는데, 또 한 바퀴 돌아가며 자기소개를 하라고 했다. 두 번씩 소개를 하고 나니까 이번에는 자기 옆에 있는 사람에 대해서 들은 대로 소개하라고 한다. 점점 힘들어졌다. 사람 이름을 기억하는 데 원래 소질이 없는데다가 나 자신 소개하랴 저녁 식사하랴 옆 사람의 말을 들을 여유가 없었으므로 잘 할 리 만무했다.

이렇게 얼마간 하고 있는데 선생님이 앞으로 진행에 필요한 이야기를 시작했다. "여기는 영어 배우는 곳이 아니라 강연하는 법을 배우고 자기계발을 하는 곳입니다." 그 중에서도 영어 배우는 곳이 아니라는 것을 몇 번이나 강조했다. 학생 수가 30명, 그 중 세 명만 동양인이고 나머지는 캐나다나 미국 사람 아니면 영어를 쓰는 유럽인이었으니 이 말은 우리 동양인들을 대상으로 하는 것이었다.

이어서 교재, 앞으로의 계획, 진행 방법 등을 설명했다. 그 중 또 한 가지 마음에 걸린 것은 마지막 주에 각자 배우자를 대동하고 저녁 만찬에서 졸업 강연회를 할 것이니 미리 계획해서 그때 모두 데리고 오라는 것이었다. 나는 그때 가서 아내가 아이들 때문에 바빠서 못 온다고 하면 되겠지 하는 생각을 했다. 아무리 부부간이라도 좋은 것이나 잘하는 것을 보여주고 싶지, 어려운 일이나 자존심 상할 일, 그것도 업무와 연결된 것까지 보여줄 필요가 없다는 생각에서였다.

두 번, 세 번, 네 번 계속 할 때마다 강연 연습은 점점 더 어려워졌다. 이곳 사람들도 그 내용 때문에 고전하는데 언어부터 문제인 나는 얼마나 고달프겠는가? 또 한가지 내게 갈등을 느끼게 하는 것은, 우리 동양 예법이나 기독교적인 배경에 익숙한 사람들에게는 나보다 남을 더 중히 여기고 나를 낮추는 겸손의 미덕이 배어 있는데, 여기서는 처음부터 끝까지 '나'를 내세우고 말을 할 때에 영어로 'I'에 큰 소리로 힘을 주라고 가르치는 것이다. 물론 거만하라고 하는 것은 아니라도 바로 이런 것이 문화의 차이에서 오는 갈등이 아닐 수 없다.

매번 신발을 벗고 함께 '고생'을 해서 그런지 동료들과 친해져서 아내를 데려오는 것도 별로 어렵지 않을 것 같았다. 어느덧 8주째가 되니 졸업 만찬에 초대할 사람의 이름을 제출하라고 한다. 그동안 하도 많이 '나'를 강조하고 자신을 내세우는 훈련을 여러 주 동안 해서 사고방식이 변했는지, 아내의 이름을 제출할 용기가 났다. 강연을 잘하고 잘 못하는 것을 떠나서 있는 그대로의 내 모습을 보일 용기가 생긴 것은 크나큰 성과라 하겠다.

지금까지 공부할 때에는 즉석으로 강연을 했지만, 이번에 손님을 초대한 날에는 각자 미리 준비한 강연을 하며, 모인 사람들이 투표를 해서 잘한 사람을 뽑아 상을 준다고 한다. 어느덧 날짜는 다가왔다. 앞으로 일주일 후면 손님들 앞에서 그동안 준비한 강연을 통해 자기를 선보이는 날이다. 무슨 이야기를 할까? 아무래도 평소에 느낀 것을 이야기하는 것이 좋을 것 같다는 생각이 떠올랐다. 그래서 주제를 '균형과 조화' Balance and Harmony로 잡았다. 우리나라를 상징하는 태극기에 있듯이 동양 철학의 기본을 이루는 음양의 원리를 실생활에 적용해서 주제로 삼은 것이다. 늘 생각 속에 있던 것이어서 그랬는지 준비하기가 쉬웠고, 퇴근길 신호에 차가 설 때면 혼자서 몇 번이고 그 내용을 읊으며 연습했다.

　드디어 기다리던 날이 왔다. 나는 아내에게 영어로 하는 것이니 별로 훌륭하지는 못할 것이라고 미리 뜸을 들여 놓았다. 퇴근하고 집에 오니 아내는 단장을 하고 좋은 호텔에 저녁 먹으러 간다고 기분이 보통 때보다 좋아 보였다. 나는 조금도 좋은 마음이 없었고 그저 큰 실수만 하지 않고 지나가기를 바랄 뿐이었다. 호텔에 도착하니 호텔 메인 볼룸에 정식 단stage을 만들어 놓고 디근자 모양으로 된 연회장으로 안내받아 만나는 사람마다 인사를 나누고 적당한 곳에 자리를 잡았다. 30명 중 몇 명은 도중하차해서 학생 26명과 배우자 26명, 선생님 2명, 총 54명이 참석했다. 그러고 보면 한 명도 빠지지 않고 자기 배우자를 데리고 온 것이다.

식사가 끝나고 정식 강연이 시작될 때 선생님은 학생들의 이름이 적힌 종이를 전원에게 나누어 주었다. 모든 강연을 들은 뒤 각자 생각하는 대로 점수를 매겨서 제일 잘한 사람 한 명만 투표용지에 적어 내라고 했다. 여기에서 가장 표를 많이 받은 사람에게 '최우수 강연상' Best Speech 을 주고, 학생들에게는 투표용지 두 장씩을 더 돌려서 이번 과정을 시작해서부터 끝날 때까지 가장 많이 발전한 사람에게 '발전상'을, 가장 열심히 공부한 사람에게 '근면상'을 줄 테니 각각 한 명씩 적어 내라고 했다.

알파벳순이었다. 그러면 나는 네 번째이다. 마음이 좀 조급해졌다. 한 열 번째 정도 되면 다른 사람의 강연을 충분히 들을 수 있어 마음이 좀 가라앉을 텐데 하는 바람이 있었지만 차례가 다가오는 것은 어쩔 수 없었다. 그나마 내 앞에 세 사람이라도 있어서 약간은 안심이 되었다.

드디어 내 이름을 부르는 순간 앞이 캄캄해지고 가슴이 두근거렸다. 자리에서 일어나면서 잠시 마음을 가다듬고 아무렇지도 않은 척하면서 단으로 점잖게 걸어 나갔다. 박수 소리가 그치고 모두 두 눈을 반짝이면서 새로 나온 연사를 쳐다보았다. 잠시 침묵이 흘렀다. '사람이 많을수록 더 자신이 생기는 법이다' '여기에 모인 사람들은 다 당신을 위해 있고 당신이 이 사람들보다 나아서 연설을 하고 있는 것이다' '어떻게 하든 청중은 당신을 위해 박수를 치게 마련이다' 등등 지난 10주 동안 들은 긍정적인 이야기를 떠올리니 힘이 났다.

"Good evening, ladies and gentlemen!" 하고 시작했다. 그러자 이상하게도 떨리던 마음이 차분해지고 말도 거침없이 나오는 것을 느낄 수 있었다. 시선들이 조금도 흐트러지지 않고 조용한 가운데 카드에 단어 몇 개 적어 온 것도 보지 않고 준비한 것을 그때그때 조금씩 바꾸어 말하는 여유까지 부리며 잘 마쳤다. 박수 소리를 들으며 자리에 돌아와 앉으니 옆에 앉은 서양 여자가 "참 잘했습니다."라고 칭찬해 주었다. 왼편에 있는 아내도 머리를 약간 끄덕이는 것이 수고했다는 표시인 것 같았다. 무엇보다도 아내 앞에서 실수 안 하고 마친 것이 천만다행이었다.

학생들은 10주 동안 같이 공부를 해서 누가 어느 정도 실력이 있는지 서로 잘 알고 있었다. 그런데 오늘은 보통 때와는 다른 모습들도 보였다. 짧은 시간에 너무 많이 이야기하려다가 종이 울려 움찔하는 사람, 말은 잘 하는데 내용이 별로 신통치 않은 사람, 평소에는 잘하는데 너무 긴장해서 말이 막히는 사람, 떠는 사람이 있는가 하면 재치 있는 이야기로 웃기는 사람, 재미있는 표정으로 인기를 끄는 사람, 충실한 내용으로 열심히 하는 사람 등 각양각색이었다. 그 중에 월남에서 온 사람이 뜻하지 않게 "Dennis Chung^{필자가 직장에서 쓰는 이름}이 이야기한 바와 같이" 하며 내 이름을 인용해서 이채를 띠기도 했다.

흥분이 가신 다음 다른 사람의 강연을 들으니 내가 한 것이 연습

할 때보다 오히려 잘 된 것 같았다. 혹시 발전상 등수 안에라도 들면 또 강연을 시킬텐데 하는 생각이 들어서 마음속으로 새로 준비를 시작했다. 26명의 강연을 듣느라니 자정이 지나고 있었다. 다 끝난 다음에 한 사람이 처음에 돌린 투표용지를 걷어서 청중이 종목별로 선출한 1, 2, 3등의 명단을 만들어 선생님에게 건네드렸다. 먼저 근면상부터 3등, 2등, 1등을 차례로 불러서 축하해 주었고 혹시라도 가능성이 있다고 생각한 발전상 차례가 되었다. 사실 이 상은 처음에 못한 사람이 나중에 좀 향상되면 타는 상이었으므로 그리 명예로운 상은 아니었다. 기대한 대로 3등에 내 이름을 불렀다. 예감이 꼭 들어맞은 것이 신기했다.

이어서 52명 전원이 투표해서 뽑은 최우수 강연상을 주는 순서로 가장 명예로운 시상 순서이다. 3등을 부른 뒤, 선생님은 그동안 반에서 가장 열심히 해서 1등 근면상을 차지하고 말도 잘 해서 동료들에게 인기가 좋은 스코틀랜드 여자 이름을 2등으로 불렀다. 마지막으로 최우수상을 시상할 차례가 왔다. 좀 시간을 지체하면서 좌우로 한 번 둘러보는 것이 수상자가 어디에 앉았나를 찾아보는 것 같았다. 그러더니 "이런 일도 있을 수…"라고 혼잣말처럼 중얼거리더니 'Dennis Chung'을 불렀다. 순식간에 우레 같은 박수가 터져 나오고 한 두 사람이 일어나기 시작하더니 전원이 일어나서 박수를 치는 것이었다. 너무나 뜻밖의 일이었지만 일단 자리에서 일어나서 공손히 머리 숙여 인사를 했다. 나 자신뿐만 아니라,

아마 같이 공부한 동료들은 물론 선생님도 믿기 힘들었을 것이다. 이런 기립 박수는 유명한 음악회에서 훌륭한 연주자에게나 돌아가는 영예이지 나처럼 평범한 사람에게는 과분한 것이었다. 그것도 영어로 하는 강연에서 많은 서양 사람들을 제치고….

다시 단상으로 올라가 오늘의 제1인자로서 강연을 하려고 했다. 여러 시간 동안 강연을 들으며 혹시나 해서 준비한 것이 있어서 별로 걱정되지 않았다. 지금까지는 배운 대로 '나'를 강조했지만 이제 내가 승자가 되었으니 동양식으로 겸손하게 하자고 마음을 먹고 입을 열었다. "오늘 저녁 이 자리에 계신 연사 중에는 나보다 더 잘한 분이 많지만, 여러분들께서 저를 격려해 주고 이 사회에 적극적으로 참여해서 공헌하라는 뜻으로 뽑아주신 것으로 믿고 오늘 이 영예를 감사히 받겠습니다."라는 말로 시작했다. 그리고 나서 서양식으로 동석한 아내에 대한 간단한 치사를 비롯해서 몇 마디 했더니 사람들이 본 강연에서보다 더 감동받는 듯했다.

모든 순서를 마치고 자동차 문을 열고 운전대를 잡았을 때 지금까지 몰랐던 피로가 휘몰려왔다. 옆에 앉은 아내는 남편이 자랑스러웠던지 몇 마디 조용한 찬사를 보냈다. 다른 사람들은 이제 다 헤어지면 그만이지만 제일 가까운 이 사람이 함께 이런 영광을 누린 것이 내 마음에 제일 흡족했다. 집을 향해 차를 몰면서 대화를 계속했다. 아내는 내가 참 잘했다고 생각했지만 동양적인 생각으로 자기 남편이기 때문에 남편 이름을 쓰지 않고 2등을 한 스코틀랜드 여자 이름을 썼다고 했다. 그날 밤 집에 돌아와서도 흥분이 다 가시질 않아 한 숨도 잘 수 없었다.

직장에서는 캐나다 전국 소식지에 밴쿠버 사무실 소식으로 소개되어 직장에서도 인정받았고 훗날 직장을 옮길 때에도 도움이 되었다. 이 일로 이민자의 큰 약점 하나를 떼어버렸다. 그리고 무엇보다도, 나 스스로를 신뢰할 수 있게 내 인생을 바꾸어놓았다.

05
직장 인터뷰

한 직장에서 8년을 근무하고 나니 조금 진력이 났다. 처음 수습 사원으로 입사해서 공인회계사가 된 후 수퍼바이저로 진급해서 지금까지 일해 왔는데, 전망이 별로 밝지 않아서 기회가 있으면 옮길 생각을 했다. 그러다가 브리티시 컬럼비아 주정부의 한 부처에 수석감사 자리가 있어서 이력서를 냈다.

며칠 후, 다음날 인터뷰를 할 수 있냐고 전화가 왔다. 좀 갑작스럽긴 해도 마음의 준비가 되어 있던 차라 그렇게 하기로 했다. 다시 전화가 와서 하루를 연기해 이틀 후 오후 3시에 만나기로 되었다. 북미 사회에서 취직하는 것은 자격만 갖추면 복잡한 절차를 거치지 않고 인터뷰 한 두 번으로 쉽게 끝날 수도 있다.

좋은 인상을 주기 위해서 복장을 단정히 하고 약속 시간보다 10분 일찍 도착해서 기다렸다. 세 시가 조금 지나서 한 여직원이 나왔다. 어느 사무실로 안내하더니 시험지 한 장을 주면서 30분 동안 필기시험을 본다는 것이었다. 원래 시험을 보면 미리 시험을 본다고 말을 해 주는데 말이다. 갑작스런 일이어서 당황스러웠지만 기왕에 여기까지 왔으니 한 번 도전해 보자고 마음먹고 생각나는 대로 답안지에 적었다. 30분이 지나자 그 여직원이 답안지를 거두어 가면서 다시 처음 기다리던 장소에서 기다리라고 했다.

옆에 있는 잡지를 뒤적이며 가끔 앞으로 지나가는 사람들을 보면서 기다렸다. 옆에 있는 여직원은 계속 바쁘게 타자를 치고 있었다. 30분쯤 기다리니까 그 직원이 좀 미안했던지 조금만 더 기다리면 된다고 말을 건넸다. 나는 머리를 조금 끄덕이며 가벼운 미소로 그에 답했다. 계속 기다리는데 다른 직원들은 책상을 정리하고 하나씩 퇴근했다. 그 여직원은 인터뷰하는 사무실 문을 열고 무어라고 하더니 조금만 더 기다리란다고 하고는 역시 퇴근해 버렸다.

이제는 분주하던 사무실이 조용해졌다. 나는 인내심을 잃고 화가 치밀어오르기 시작했다. 전화를 해서 인터뷰 날짜를 말해 줄 때부터 처음 정한 날을 마음대로 바꾸던 일, 사전 통보도 없이 필기 시험을 보게 한 일, 한 시간이 넘도록 기다리게 한 일 등 모두 마음에 들지 않았다. 다른 일과 달라서 취직 인터뷰는 마음의 안정이 중요하다. 이런 상태로는 기대할 것이 없겠다고 결론을 내렸다. 그렇다고 사무실에 아무도 없는데 그냥 나가버릴 수도 없고, 다른 사람 인터뷰하는 방문을 열고 말을 하는 것도 예의가 아니므로 그냥 기다리는 수밖에 없었다. 서양 사회에 살면서 동양인으로서의 긍지를 지키는 것도 필요하다는 생각에서였다. 거의 5시가 되었을 때 40대 중반 정도로 보이는 머리가 좀 벗겨진 사람이 나왔다. 오늘 너무 늦어서 미안한데 내일 다시 올 수 없느냐고 묻는 것이다.

나는 서슴지 않고 "No!" 하고 딱 잘라 말했다. 그는 난처한 얼굴을 하며 말 한마디 더 하지 못하고 다시 사무실로 들어갔다. 이제는 더 이상 참을 수가 없었다. 그냥 집에 가도 나보고 예의 없다고 하지 못하겠지 하고 일어섰다. 그러다 '참자, 더 참아보자. 인내심을 발휘해 보자' 하고 또 주저앉았다. 사실 기다린대도 별 뾰족한 수가 있는 것은 아니었다. 잘 보여도 힘든데 "No" 하고 거절까지 해 놓았으니 인터뷰를 해보나마나일 것 같았다. 잠시 후 그 사람이 다시 나와서 들어오라고 했다. 결국에는 하게 된 것이다. 큰 사무실 안에 여자 한 명과 남자 세 명이 있는데 일어나서 한 사람씩 인사를 하고 오래 기다리게 해서 미안하다며 정중히 사과들을 했다. 인터뷰가 시작되어 이 사람 저 사람 번갈아 질문을 하는데 아는 것까지 말문이 막혀서 한 10분 지나서는 빨리 끝내고 집에 가야 되겠다는 생각밖에 들지 않았다. 그동안 두 시간이 넘도록 불안하게 기다리게 한 것이 괘씸하기도 했지만 한편으로 이래서는 안 되겠다는 생각이 들어, "제가 오늘 세 시부터 지금까지 오래 기다리느라고 피곤하고 마음이 안정되지 않아서 대답을 제대로 하지 못한 것 같습니다."고 한 마디 했더니 여자 인사국장이 "아 참, 그렇겠습니다."고 내 말을 지원해 주었다. 그 후에는 원만히 답을 할 수 있었다.

그 중에 나이가 제일 많아 보이는 사람이 인터뷰 책임자 같았다. 이 사람은, '만일 채용된다면 당신보다 일을 잘 알고 오래 근무한 직원들을 어떻게 다루겠느냐?'는 질문을 했다. 나는 '누구에게나 사람으로 대할 것이다. 그러면 그 사람도 나를 사람으로 대할 것 아니겠느냐'라고 성경에 나오는 황금률을 인용해서 답을 했다. 그는 동감이라도 한 듯 머리를 끄덕이고 이어서, '만일 당신의 친한 친구 중 누가 부정한 행동을 같이 하자고 하면 어떻게 하겠는가?'라고 했다. 나는 서슴지 않고, '나는 그런 사람을 친구로 두고 있지도 않고, 그런 사람은 앞으로도 내 친구가 될 수 없다'고 간단히 대답했다.

예정 시간보다 좀 늦게 6시가 되어 인터뷰는 끝났다. 이 직장은 이미 포기한 상태이고 그때까지도 내 마음이 풀리지가 않아서 마지막으로 한 마디 해도 되냐고 하고 말했다. '오늘 이와 같이 바쁜 중에도 나를 인터뷰해 주어서 고맙다'고 시작해서 '사람을 세 시에 오라고 해서 다섯 시가 넘을 때까지 기다리게 했으니 이것은 예의가 아니다. 아무리 바쁘더라도 앞으로는 이런 일이 없도록 해야 하겠다. 이런 상황에서는 인터뷰를 제대로 하기 상당히 힘들다'라고 했다. 그러자 그 나이 많아 보이는 사람은 얼굴색이 변하고 난처한 표정을 하고는 간단한 변명을 했다. 이에 대해 내가, '나는 집에 돌아가서 당신들을 나쁘다고 비판할 수 있지만 이 자리에서 다 풀고 오늘 일은 잊어버리겠다'고 했더니 그들도 마음을 놓은 것 같았다.

그 다음날 바로 나를 채용하기로 결정했다는 소식을 들었고, 한 달 후부터 그 직장 식구가 되었다. 인터뷰한 사람 네 명 중 세 사람과 같은 부서에서 일하게 되어 직장 동료로서 친하게 지내는 사이가 되었다. 어느 날 그 중 한 사람이 지난날 인터뷰했던 이야기를 들려주었다. 그때 내가 마지막으로 포기 상태에서 한 말이 오히려 인터뷰하던 사람들에게 상당히 깊은 인상을 주었다는 것이었다. 감사부서를 책임지는 사람이면 자기 소신껏 이야기할 수 있는 용기가 있어야 한다는 것이었다. 나로서는 사실 용기가 있어서라기보다 포기 상태였기 때문에 겁 없이 말할 수 있었던 것이다. 내게 손해가 되는 줄 알면서도 그랬던 것과, 예의는 지켜야겠다는 태도, 끝까지 참은 인내심이 마침내 좋은 직장을 가져다주었다.

BC 주정부 Director 수련회 중에 동료들과 함께

06
반란

 1987년 6월, 어느덧 브리티시 컬럼비아 주정부의 직장에서 일한 지도 9년이 지났다. 보통 한 직장 같은 자리에서 9년 동안 일하면 싫증이 나지만, 내 일의 분야가 다양해져 중요성을 인정받아 직위도 올라가고 부하 직원도 많아져서 승진을 위해 다른 데로 옮겨 가지 않아도 되었으니 더 오래 있을 만했다.

 그 직장은 우리나라의 전매청 같은 형태였다. 직원이 3,200명인 주정부 직영 기업체로 직원들은 모두 공무원이고, 담당 장-차관의 지시를 받는 총지배인이 기업체장으로 사장에 해당했다. 그 밑에 8개 부서가 있어 각 부서의 장과 총지배인이 기업체를 운영하는 실행위원회를 이루고 있다. 나는 그 중의 한 부서인 감사실의 책임을 맡고 있었는데 직원은 캐나다 공인회계사 자격증 소지자와 감사 전문 직원으로 구성되어 있었다.
 총지배인 밥 월레스 씨는 30년 동안 연방정부, 주정부에서 고급 관리로 일했다. 차관도 지낸 사람으로 행정 능력이 탁월하고 정치적인 수완이 있어서 여러 사람들에게 존경받는 인물이었다. 내가 월레스 씨 밑에서 8년간 일하면서 신임을 얻어, 그는 가끔 중요한 결정을 할 때 내게 조언을 구했다.

어느 날 총지배인 사무실에서 호출을 받아 들어가니 월레스 씨는, '당신 직원 몇 명이 나를 보고 싶어하는데 무엇 때문인지 아느냐?'고 물었다. 지난 몇 달 동안 직원들과 근무시간 문제로 의견 대립이 생겨서 내가 양보하지 않고 있는 중이라고 대답했다. 그는 직원들이 만나자니 만나본 다음에 다시 이야기하자고 했다.

아래 직원들이 내게는 아무 말도 없이 내 상사와 만나겠다니 누구인지, 정확히 무엇 때문인지 궁금했고 불길했다. 지난 몇 년 사이에 다른 부서의 아래 직원이 자기 상사에게 불만을 품고 여러 명이 총지배인을 찾아가서 불평을 해, 기관장 두 명이 사임하는 것을 보았다. 물론 직원들의 불만 외에 다른 충분한 이유가 있었으나, 떠나게 된 직접적인 동기는 아래 직원들의 행동이었다.

내 사무실로 돌아와 곰곰이 생각해 봐도 근무 시간 문제 외에는 짚이는 것이 없었다. 만일 내 개인에 관한 불평이 아니라면 내게 말을 하지 않고 윗사람을 만날 리가 없었다. 이런 일이 생기면 윗사람이나 아랫사람 중 한 쪽이 피를 보게 되어 있다. 마치 쿠테타가 성공하느냐 실패하느냐와 같은 것이다. 직원들 몇 명에게 말을 걸어보니 슬금슬금 피하는 것 같고 전과 같은 밝은 표정들이 아니었다. 보통 때 조언을 잘 하는 비서를 불러 물어보았더니 직원들이 좀 불평이 있는 것 같은데 잘은 모르겠다고 얼버무렸다.

 미국에서는 동양 사람이 공부를 많이 하고 직장에서 어느 정도 위치까지 승진하면 몰아낸다고 했다. 여기도 마찬가지로구나 하는 생각이 들었다. 과거에 있었던 크고 작은 일들이 머리를 스쳐갔다. 하지만 아무리 생각해도 직장에서 쫓겨날 만큼 잘못한 일은 없었다. 뇌물을 받은 일도 없고, 근무 성적이 나쁜 것도 아니고, 성격 때문에 평이 나쁜 것도 아닐 테고, 스캔들이 있는 것은 더욱 아니고…. 약점이 있다면 동양 사람인데다 문화적인 배경이 달라서 취미가 다르고 아무래도 여기서 태어난 사람처럼 영어가 능숙하지 못한 점이다.

 이런저런 생각을 하노라니 화가 나고 미움으로 마음이 꽉 찼다. 이때 책장 옆에 붙여놓은 예수님 사진이 눈에 들어왔다. 이런 일을 당할 때 예수님은 어떻게 처리하실까 생각해 보았다. 예수님의 방법을 따르면 해결될 것 아닌가! 그러면 그 방법은? 원수도 사랑하라고 하셨으니 나도 사랑하면 되지 않을까! 한동안 미움과 사랑이 교차하다가 점차 마음이 가라앉았다. 사랑은 못하더라도 미운 마음 가지고 일을 처리해서는 안되겠다고 다짐했다.

 다음날 다시 총지배인 사무실에 갔다. 월레스 씨는 좀 난처한 표정을 지으며 문제가 심각하다고 했다. 감사실 직원 여러명에게 이야기를 들었다. 그들과의 약속 때문에 자세한 이야기는 할 수 없지만 내가 직원들을 대한 태도가 비민주적이고 나에 대해 여러 가지 불평이 있다고 했다. 그렇게 보편적으로 이야기하면 너무 모호하다, 내용을 분명히 말해 주어야 해명할 것이 있으면 해명을 하고, 밝혀야 할 것이 있다면 밝히고, 내가 고칠 것이 있으면 고치지 않겠느냐고 했더니 잠시 침묵을 지키던 월레스 씨는 머리를 끄덕이면서 몇 가지를 이야기해 주었다. 그런데 웬걸, 그 불평이라는 것들이 터무니없는 거짓말, 사실을 왜곡한 주장, 과장 같은 것들이었다. 나는 오히려 자신이 생겼다. 어렵지 않게 사실을 이야기했다. 월레스 씨는 '그들이 이야기하는 데 대한 대답이 중요한 것이 아니라 여러 직원들이 당신에 대해 그렇게 생각하는 자체가 문제다'라고 했다. 그러면서 직원들 근무시간 문제를 조금 양보하는 것도 좋지 않겠느냐고 귀띔해 주었다.

그들의 불평 중 한 가지는, 아침에 출근할 때 반갑게 대해 주지 않고 직원들 의견을 존중하지 않을 뿐더러 어떤 때는 직원 대우를 잘 안 한다는 것이었다. 그래서 월레스 씨에게 말했다. 나는 문화적 배경이 다르고 어떤 서양 사람들처럼 과장하거나 흥분해서 떠벌이지 않는 성격이므로 그것이 문제라면 앞으로 신경을 좀 쓰겠지만, '나는 나'이고 근본적으로 변하는 것은 원치도 않고 필요하지도 않다고 했더니 나에 대해서 이미 잘 알고 있다고 했다. 월레스 씨는 "나는 지금도 당신을 전적으로 신임한다."고 매듭을 지어 주었다.

서양 사회에서 간부직으로 있는 사람을 해고할 때 개인 회사의 경우 말 한마디로 끝내는 수도 있지만 큰 회사나 공무원이라면 상당히 어려운 때가 많다. 해고 이유는 돈에 관한 부정, 대인관계의 문제, 경영의 실패, 스캔들 등이 흔한데 부정을 저지른 경우는 일반적으로 쉽게 해고할 수 있으나 이번과 같이 하급 직원이 들고 일어난 경우엔 복잡하다. 특히 대상자가 40세 이상이거나, 근속 기간이 여러 해 되었고 그 동안 큰 실수가 없었던 사람, 혹은 여자이거나 소수 민족인 경우에는 더 복잡해진다. 나는 이런 여러 조건에 잘 해당하는 경우였다. 이번 거사(?)에 참여한 직원들은 내 바로 밑에서 늘 함께 일하는 매니저 2명을 비롯한 상급 직원들로 내가 채용해서 진급시켜 준 전문직 직원들이었다. 여러 해 함께 일하고 내 오른팔 역할을 하는 직원들이고 보니 더욱 괘씸했다. 한 가지 흥미로운 것은 동양계 직원들은 이번 일에 참여하지 않았다는 것이다.

1964년 10월 15일, 소련 서기장 니키타 흐루시초프가 관직을 떠나서 은퇴한다는 소식이 서방 세계를 놀라게 했다. 후에 흐루시초프의 아들이 쓴 글에 의하면 그가 물러나게 된 경위는 다음과 같다. 흐루시초프가 신임하던 브레즈네프를 비롯한 공산당 최고위원 몇 명이 몰래 짜고 흐루시초프를 몰아내려는 계획을 세우고, 충분한 숫자를 확보해서 첫 단계로 그를 고립시켰다. 그 당시 소련이 로켓트를 발사하는 날이면 서로가 다투어 서기장에게 보고, 축하 전화를 했는데 그때는 시간이 되었는데도 아무도 전화를 하지 않았다. 서기장은 의기소침해졌다. 급기야 그를 모스크바로 불러서 회의에 참석하도록 했다. 흐루시초프는 비행기 안에서부터 누가 마중을 나왔는가가 궁금했는데, 내린 직후 '설마!' 하고 자기 눈을 의심했다. 서기장이 공항에 내리면 공산당 고급간부들이 여러 명 나와서 영접하게 마련이다. 비행기가 내리는데 전과 달리 정보부장과 수행원 한 명만 기다리고 있었고 이들도 아주 사무적으로 맞이했다. 회의장으로 실려가는 흐루시초프는 저항할 힘도 없고 이제는 다 늦은 것을 알게 되었다.

그들은 흐루시초프가 맡은 직분의 일부를 내놓을 것을 요구했다. 그가 중앙당 위원들에게 무례한 대우를 한 것과, 그들의 의견을 존중하지 않은 것 등으로 그를 비판했다. '끝'이라는 것을 피부로 느낀 서기장은 그들에게 융통성 없고 거칠게 대했던 것에 대해 사과를 하고 집으로 돌아와 곧 은퇴를 통보했다.

나의 이번 일과 흐루시초프의 숙청의 공통점이 있었다. 첫째로, 두 경우 다 가장 신임하던 부하들이 몰래 힘을 합하여 상관을 고립시킨 후에 행동했고, 둘째로, 겉으로 내세운 불평의 이유가 특별한 직무상의 잘못이 아니라 단지 아랫사람의 의견을 존중하지 않고 자기네들을 대하는 태도가 원만치 않다는 보편적인 이유였고, 셋째로, 성공하지 못할 경우를 생각해서 조심스럽게 진행했지만 목적은 자리를 빼앗는 것이었다.

다만 흐루시초프의 경우에는 겉으로 내놓은 이유 외에 농업 정책의 실패, 쿠바 미사일 사건, 수에즈 운하 문제, 중공 문제 등 정책의 실패가 작용했다. 두 사건의 가장 큰 차이점은 하나는 공산주의 체제의 일이고 다른 하나는 민주주의 체제에서 이루어졌다는 것이다. 그래서 그런지 결과도 달랐다.

월레스 씨는 매니저 2명과 함께 브리티시 컬럼비아 주립대학에 가서 일주일 동안 경영자를 위한 매니지먼트 과정을 들으면서 셋이 함께 능률적으로 일하는 방법을 강구하라고 하여 문제를 종결했다. 이리하여 아무 희생자 없이 평온하게 모두 같이 다시 일하게 되었다. 그 후 나는 직원들과 더 많이 대화를 했다. 이와 같이 실리를 찾아 필요하면 꺾이지 않고 휘는 것이 앵글로 색슨의 전통이 아니겠는가.

07
BMW와 도둑

 고객 중 사무실에 올 때에 맥도날드 커피를 사 들고 와서 함께 마시는 것을 즐기는 분이 있었다. 어느 날 평소처럼 커피를 사 가지고 종이곽 받침에 받쳐 오다가 그만 커피를 쏟았다. 컵을 바로 잡으려는 순간 전봇대를 받아서 자동차가 대파되었다. 다행히 사람이 다치지는 않았어도 이 소식을 듣고 퍽 미안한 마음이 들었다.

 그 후 어느 금요일 오후에 직원들이 퇴근하고 혼자 남아 일을 정리하고 있는데 그 고객이 새 자동차를 몰고 사무실에 왔다. 좀 관심을 보이기 위해서 어떤 차를 샀느냐고 물었더니 BMW를 샀다고, 길가에 주차했으니 나가보지 않겠느냐고 했다. 그래서 사무실 문을 잠그지 않은 채로 나가서 2-3분 동안 잠깐 차에 앉아서 몇 가지를 점검하고 헤어져 사무실로 돌아왔다. 그런데 20대 후반 정도로 보이는 백인 남자가 아무도 없는 사무실에서 바바리코트를 팔에 걸고 나오려다가 들어서는 나를 보자 깜짝 놀라는 것이었다. 놀라기는 나도 마찬가지였다. 그 사람의 표정이나 상황으로 보아 분명 도둑이었다. 긴장했다. 체격이 크지는 않아도 젊고 혹시 칼 같은 흉기가 있을지 몰랐다. 집에 들어온 도둑은 쫓아야지 잡으면 안 된다는 우리말이 생각나서 좋게 해결하고 싶었지만 그 사람이 어떻게 나올지 알 수 없었다.

팔에 걸친 코트 밑으로 초록빛 나는 종이 같은 것이 보여서 네 손에 무엇이 있느냐고 물었다. 그는 손을 펴 보이며 이건 내 것이라면서 20달러짜리 세 장을 보여주었다. 평상시 내 지갑 속에 현금이 얼마 있는지 정확히 몰랐어도 그 날은 마침 잔돈이 필요해서 지갑을 열어본 적이 있었는데, 잔돈은 없고 20달러짜리 세 장이 있는 것을 보았다. 그 세 장은 내 지갑에 있었던 것이 분명했다. 그러면 경찰을 불러서 이야기하자고 했더니 머뭇머뭇거리다가 경찰을 부르지 않는다면 사실대로 이야기하겠다고 한다. 그럼 경찰을 부르지 않을 테니 사실대로 말하라고 했다. 그제서야 이것은 당신 돈이라며 내 손에 쥐어주면서 미안하다고 했다.

그런데 아직 해결되지 않은 문제가 있었다. 돈은 내 개인 사무실에 걸어놓은 양복 저고리 안의 지갑에서 꺼낸 것이었다. 그 지갑에는 신용카드, 운전면허증을 비롯해서 여러 가지 카드가 있고, 또 옷 주머니에 열쇠 꾸러미도 있어서 이것을 확인하기 전에는 보낼 수가 없었다. 내 사무실은 다른 직원들이 일하는 곳을 지나서 깊숙이 안쪽에 있으니 내가 혼자 들어가서 확인하는 동안 혹시 도망가 버리면 큰일인 것이다. 확인해야 할 것이 있으니 저 안 사무실에 잠깐 들어가자고 했다. 부득부득 싫다고 한다. 하는 수 없이 내가 먼저 들어갈 테니 바로 따라오라고 설득해서 함께 들어가 모든 것이 안전하다는 것을 확인했다.

이제 서로가 약속을 지켜 신뢰가 회복되는 순간이었다. 부담없이 대화할 수가 있었다. 왜 도둑질을 하느냐고 물었더니 저녁 먹을 돈이 없어서 그랬다는 것이다. 그러면서 자기 주머니에 있는 돈을 꺼내 보이는데 5달러짜리 한 장과 동전 몇 개가 전부였다. 보는 순간 측은한 마음이 들었다. 몇 년 전 이 사무실을 개업할 때 목사님이 오셔서 '누구든지 이곳에 들어왔다가 나갈 때는 문제가 해결되고 기쁨으로 나가는 사무실이 되어야 한다.'고 하신 말씀이 생각났다. 지폐 한 장을 주면서 이것으로 저녁 식사하라고 했더니 고마워하면서 나갔다.

바로 그 순간 좀 더 이야기할 것이 있어서 복도로 나가는 그를 불러서 다시 들어오게 했다. 혹시 이 사람이 돌아가서 동료들한테 그 사무실에서는 도둑질하다 잡혀도 경찰에 넘기지 않고 돈까지 주더라고 소문을 내면 곤란하지 않겠는가? 그래서 앞으로 이 사무실에 다시 오지 말라 하고 직업이 무엇이냐고 물었더니 '매춘'이라고 대답했다. 창녀라는 말은 있어도 창남이란 말은 처음 들어서 고객이 남자냐, 여자냐고 물었더니 둘 다라고 했다. 그러면서 오늘은 금요일이라서 사람들이 야외로 많이 나가는 바람에 돈벌이를 못했다고 설명을 덧붙였다. 솔직한 대답이었지만 어처구니가 없어서 금방은 할 말이 없었다. 아직 나이도 젊은데 앞으로 다른 일을 찾아서 했으면 좋겠다고 타일렀더니 뜨뜻미지근하게나마 긍정적으로 예의를 표하고 떠났다.

　이때부터 우리 사무실에 변한 것이 있다. 그 당시 사무실 근처에 이민자들이 많이 살았고 한국 기업도 모여 있었던데다가 지역 분위기가 좋지 않아서 좀도둑이 많았다. 가끔 행상인이 물건을 가지고 들어와 싼 값에 주겠다고도 하고 들어와서 도둑질해 갈 만한 물건을 보거나 경보 장치를 살피고 나가기도 했다. 그런데 이 일 후에는 수개월 동안 이런 행상들이 전혀 오지를 않는 것이었다. 아마 이런 사람들끼리 연락망이 잘 되어 있는 모양이다.

1980년대 직원 장기근무자 메달 증정

제5부
세무감사 이야기

01
김치와 피클

반찬 가게를 하다가 얼마 전에 가게를 판 고객이 무거운 표정으로 사무실에 들어섰다. 세무서에서 우리나라의 부가가치세에 해당하는 GST Goods and Services Tax 감사가 나왔으니 도와달라고 하는 것이었다. 이미 세무감사 두 명이 집엘 다녀간 후여서 감사들과 이야기한 것을 들어보았다. 그 중 한 명이 '우리는 열심히 일해도 살기 어려운데 이민 온 사람들이 돈 가지고 와서 벤츠 자동차를 굴리는 것은 공평치 않다' 는 말을 하더라는 것이다. 감사로서 이런 발언은 적합하지 않을뿐더러 편견이 있는 것을 드러내는 것이었다.

얼마 후에 우리 사무실에서 감사와 고객이 만났는데 역시 감사의 태도는 처음부터 부정적이었다. 김치가 고객의 사업에서 높은 비율을 차지했으므로 김치에 GST가 붙느냐 안 붙느냐가 쟁점이었다. 만일 이 세금이 붙는다 하면 고객이 김치를 팔 때 손님으로부터 5%의 GST를 받아서 정부에 납부할 의무가 있으므로, 여러 해 동안 GST를 받지 않았기 때문에 정부에 내야 할 세금이 상당히 많아진다. 감사는 '김치에 GST가 붙는다', 우리는 '붙지 않는다'고 해서 끝내 합의를 볼 수 없었다. 규정에는 기본 식품에는 GST가 안 붙지만 가공된 식품에는 붙는다고 되어 있어서 김치가 세법상 가공 식품이냐, 아니냐가 관건이 되었다.

아무래도 이 감사와는 문제 해결을 할 수가 없어서 수퍼바이저 이름과 전화번호를 가르쳐 달라고 했더니 지금 사무실에 없다고 하면서 이름 알려주기를 꺼렸다. 대화가 점점 거칠어졌다. 우리는 '김치는 기본 식품'이라고 끝까지 주장했다. 감사도 한계를 느꼈던지 화를 내며 자기 수퍼바이저에게 전화를 해서 문의하더니 근거 서류를 전부 가져가겠다고 했다. 나는 "여기서 아무것도 가져갈 수 없다."고 했다. 그러자 그는 자기 신분증을 꺼내 뒷면에 있는 감사 규정을 내보이며 세무감사는 필요하면 서류를 가지고 갈 권한이 있다고 하는 것이었다. 그래서 "당신은 조금 전 내가 당신의 수퍼바이저 이름을 가르쳐 달라 했을 때 사무실에 없다고 거짓말을 했다. 거짓말을 한 사람은 이미 감사의 자격을 상실했으므로 못 가져간다."고 단호하게 말했다.

다음날 묵직하게 생긴 수퍼바이저가 사무실에 찾아왔다. 무뚝뚝한 태도가 전날 감사와 크게 다를 바 없었다. 다른 말은 흥미가 없는지 김치 이야기로 시작했다. 이왕 힌 핀 붙기로 작정한 너에 '낭신네 감사에 관해서 이야기할 것이 있다'고 화제를 바꾸어 버렸다. '지난번 그 감사가 우리 고객의 벤츠 차 두 대에 관해 이야기한 것은 엄밀히 말하면 감사 업무와 관계없는 사생활 침해이고, 연방정부 공무원이 이민자가 사는 방식에 불평을 토한 것은 감사로서의 중립을 잃은 처사이다. 그래서 어떻게 공정한 감사를 할 수 있겠는가? 이런 것은 교육과 감독의 불충분에서 온 것이니 수퍼바이저에게 책임이 있지 않느냐?'고 공격했다. 수퍼바이저는 '내가 대신 사과한다. 앞으로는 그런 일이 절대로 없게 하겠다'고 했다. 오히려 분위기가 역전되었다.

그러나 김치 이야기로 돌아가자 역시 김치는 가공 식품이므로 GST가 붙는다고 한다. 잠시 기다리라고 하고는 옆방에서 내가 점심때 먹는 서양 피클 병을 가져다 책상 위에 놓고 '이 피클에 GST가 붙느냐?'고 물었다. 그는 '내가 김치를 잘 아는데 피클에는 안 붙지만 김치는 피클이 아니고 가공 식품이라서 GST가 붙는다'고 자신들의 주장을 고집했다. 그래서 이번에는 책장 안에 있는 한영사전을 펴서 '김치'를 찾아 다음과 같이 되어 있는 것을 보여주었다.

'김치' (Kimchi) : Pickles(made of radish, cabbage or cucumber, spiced with pepper, garlic, onion, ginger, etc)

이렇게 한영사전까지 보여주며 서양 피클이 면세인데 동양 피클은 과세 대상이냐고 항의했다. 만일 이 문제가 여기서 해결되지 않으면 인권위원회나 언론 기관을 통해서라도 끝까지 싸우겠다고 밀어붙였다. 그러자 수퍼바이저는 이번 일은 없던 일로 하고 잘 처리해 보자고 하고는 떠났다. 2주 후 감사한테서 전화가 왔다. 우리가 원하는 대로 모든 것을 마무리 짓고 감사를 끝내려고 하는데 어떻게 생각하느냐고 했다. 그렇게 문제를 일단락지었다. 김치 덕분에 그 감사 사무실과 얽혀 있던 다른 문제들까지 모두 해결했다. 50년 보관해 온 한영사전이 해결사가 될 줄 몰랐다.

02
이민 조건 해제

캐나다에서는 일 년에 한 번씩 개인 세금신고를 4월 30일까지 한다. 그래서 회계사들에게는 3, 4월이 연중 가장 바쁜 계절이다. 어느 해 4월, 어느 저녁에 합창 연습을 하던 중이었다. 옆에서 함께 노래하는 이웃 교회 장로 한 분이 자기 교회에 나오는 교인 한 분이 세무감사를 받고 큰 세금이 부과되어 매우 어렵게 되었는데 좀 도와줄 수 있느냐고 문의했다. 곧 당사자에게 연락을 했다. 저녁 10시에 여자 두 명이 찾아와서 이야기했다. 워낙 내용이 복잡하고 시간이 너무 늦어져서 다음날 사무실로 찾아오시라고 했다.

그분은 다음날 이웃 아주머니와 함께 우리 사무실에 와서 자초지종을 털어놓았다. 경제적으로 비교적 여유 있는 집이어서 몇 년 전 이민 온 후 2년에 걸쳐 한국에서 넉넉한 돈을 가져왔다. 기업 이민자는 캐나다에 도착한 지 2년 안에 사업을 시작해야 하는 이민조건이 있었기 때문에 이 조건을 충족하기 위해서 한인이 운영하는 비디오 가게를 명목상으로 사서, 전 주인을 매니저로 고용하여 운영하고 조건 해제가 되자마자 전 주인에게 되파는 형식을 취했다고 했다.

　이로부터 2년 후 세무서에서 GST 상품 및 용역세 감사가 나왔다. 본인이 직접 사업운영을 하지 않았으므로 운영에 관한 여러 가지 질문에 제대로 답을 할 수가 없었다. 그 결과 12,000달러의 세금이 부과되었다. 억울하지만 복잡한 문제를 피하기 위해서 돈을 내고 해결하려고 했는데 담당 회계사가 왜 억울하게 돈을 내느냐, 내가 도와줄 테니까 내지 말라고 했다. 그러나 이것이 나중에 더 커져서 64,000달러가 되었고 결국에 가서는 사업 전체에 관한 소득세 감사로 확대되어 거의 60만 달러의 세금을 내야 하게 생겼다. 사태가 이렇게 커지자 그 회계사가 발을 빼는 바람에 할 수 없이 다른 회계사를 찾아야 했다는 것이다.

　이번에는 좀 큰 회계 사무실에 문의했더니, 잘못하면 감옥에 갈 수도 있으니 자식들을 데리고 속히 한국으로 나가도록 조언했다고 한다. 이때부터 이 부인은 잠도 못 자고 식사도 못하며, 정신이 혼란해서 운전도 자기가 할 수 없을 지경이 되어 이웃 사람과 함께 온 것이었다. 그의 얼굴은 동남아 사람처럼 검게 되어 있었고 본인 말로는 두 번이나 죽으려고 했다고 했다. 그런 중에 이웃에 사는 캐나다 변호사의 소개로 중국인 회계사를 만나 보았는데 말이 제대로 통하지 않고 먼저 돈부터 내라고 하니 그 사람도 도움이 되질 않았다. 그래서 이번에 네 번째로 우리 사무실을 찾아오게 된 것이라고 했다.

   내용이 너무 복잡하고 필요한 증빙 서류를 제대로 갖추고 있지 않아서 누가 맡더라도 좋은 결과는 나오기 힘들 것 같았다. 이것을 해결하자면 시간도 무척 많이 걸릴 것이고, 한국에 있는 남편과는 가정적인 문제가 있어서 남편에게서도 도움받기 힘들고, 당사자는 회계사 비용을 지불할 여유도 없다. 더욱이 연중 가장 바쁜 4월이었기 때문에 상식적으로 생각했을 때는 이 일을 맡을 이유가 없었다.

   그런데 다른 생각이 들었다. 이 상태에서 우리가 도와주지 않는다면 누가 돕겠는가? 이 사람은 이제 더 갈 데도 없고, 갈 기력도 없다. 그러니 어떻게 되겠는가? 성서에 나오는 선한 사마리아인의 비유가 떠올랐다. 길을 가다가 강도를 만나 죽게 된 사람을 보고 당시 종교 지도자들이 불쌍히 여기면서도 그냥 지나가 버렸는데, 하류계급이었던 사마리아인이 지나가다가 보고 잘 돌보아 주었다는 이야기로 기독교인이면 잘 아는, 촌극으로 많이 다루는 이야기이다. 기독교 가정에 태어나서 지금까지 교회를 중심으로 살아온 내가, 이런저런 이유가 있다고 이 불행한 사람의 곤경을 외면한다면 하나님을 믿지 않는 사람과 무엇이 다르겠는가! 도와주고 싶은 마음에서라기보다 도와주지 않을 용기가 없어서, 우물에 빠진 어린아이를 구하는 심정으로 이 일을 맡기로 했다.

제일 먼저 해야 될 일은 이 사람 마음을 안정시키는 것이었다. 이런 일로 절대로 감옥에 가지 않을 테니 모든 것을 하나님께 맡기고 나와 함께 일을 풀어가자고 계속 다짐을 해주었다. 그 다음에 그 동안의 경과를 듣고 자료를 수집하려고 담당했던 회계사에게 연락을 했더니 자기는 그 사람이 불쌍해서 좀 도와준 것뿐이고 감사와는 별로 한 것이 없다고 책임을 회피하기에 급급했다. 그 회계사는 과거에 우리 사무실에서 일한 적도 있고 회계사 자격 취득 과정에서 내가 큰 도움을 준 일도 있는데 이렇게 비협조적으로 나오니 퍽 마음이 아팠다.

기초적인 자료 수집을 한 후에 세무서 담당 감사에게 전화를 했다. 이 고객이 언어 문제도 있고 감사를 받는 동안 전문 회계사의 도움을 제대로 받지 못했으니 한 번 만나서 이야기하자고 했다. 감사는 자기가 전 회계사와 몇 번이나 만나서 자세히 이야기를 했다, 다른 회계사를 만날 필요가 없고 자기는 이미 감사를 마쳤으니 재심을 청구하는 방법밖에 없다면서 전 회계사와 이야기한 내용을 말해주었다. 이 감사의 수퍼바이저에게 전화를 해 보아도 역시 같은 이야기를 되풀이했다. 고객의 상황이 너무 심각해서 그냥 물러날 수가 없던 나는 공격의 수위를 높여, '내 생각으로는 고객이 생명에 위험을 느끼는 것 같은데 만일 당신이 나를 만나주지 않아서 이 사람에게 무슨 일이 생기면 당신 개인 책임이다'고 엄청난 말을 했다. 결국 수퍼바이저는 한 시간 반 동안이나 전화를 끊지 못

하고 긴장 속에서 나와 이야기했다.

그래도 감사와 만날 수는 없어서 재심 청구를 하고 며칠 동안 관계되는 여러 가지 다른 자료를 추가로 모았다. 고객이 직접 운영하지 않은 사업에 대해서 감사의 질문에 횡설수설 답한 것이 화근이 되어, 한국에서 이민 온 후 가져온 돈이 전부 소득으로 간주되었다. 그래서 세금, 벌금, 이자 등이 합해서 60만 달러가 된 것이었다. 자료 중에도 불충분한 것이 있어서 감사보고서의 내용을 하나하나 잘못된 것으로 증명한다는 계획을 세울 수밖에 없었다.

6개월이 지났다. 재심담당관 appeal officer이 11시에 사무실로 오기로 약속이 되어 있었다. 시간이 가까워 오니 불안한 마음이 엄습했다. 원만히 해결되어서 60만 달러 세금이 10만 달러 정도로 줄어든다 해도 집을 팔기 전에는 세금을 낼 수 없을 형편이다. 1–2만 달러 정도로 해결을 볼 수 있으면 좋겠지만 그것은 기적에 가까운 일이었다. 사건의 성질로 보나 지금까지의 경험으로 보나 거의 불가능한 일이었다. 그날 아침 출근해서부터 아무 일도 손에 잡히지 않아서 사무실 문을 닫고 하나님께 기도드렸다. "하나님, 저에게 지혜를 주셔서 이 일을 잘 감당하게 하옵소서…."

11시가 되어 나이가 지긋한 재심담당관이 사무실에 들어왔다. 인사를 하고, '이 일은 돈을 벌기 위한 것이 아니고 너무 억울한 일을 당한 사람을 살리기 위해 사회봉사 community service 로 하는 것' 이라고, 맡게 된 동기를 설명했다. 그랬더니 그의 대답이 "당신이 원하는 것을 이야기하십시오, 그러면 그렇게 해드리겠습니다."라고 하지 않는가! 나는 내 귀를 의심하지 않을 수 없었다.

30년 동안 회계사로 일을 했지만 까다롭기 이를 데 없는 재심관이 회계사가 원하는 대로 해주겠다고 한다는 이야기는 들어 본 적이 없었다. 기쁜 마음을 주체하면서 준비한 자료를 오랫동안 설명했다. 내용을 자세히 듣더니 몇 가지 질문을 하고는, "당신의 설명에 수긍이 갑니다. 여기에 관계되는 담당자가 또 한 명 있으니 그와 상의해서 조치하겠습니다."라고 하고는 돌아갔다.

얼마 후 전화로, 다른 담당자와 수퍼바이저가 자료를 더 필요로 하니 보내달라고 했다. 추가 자료를 보낸 후 몇 달이 지나서 편지 한 통을 받았다. 모든 것이 단지 2,134달러로 끝난다는 내용이었다. 또 한 번 믿을 수 없는 일이 일어난 것이다. 곧장 고객에게 전했더니 진심으로 고마워하며 그동안 집안에서 있었던 일 한 가지를 들려주었다. 18세 된 아들이, '우리 어머니같이 좋은 사람이 이와 같이 억울한 일을 당하게 된 것을 보면 하나님은 없다' 고 상심을 해서, 아직 끝이 나지 않았으니 기다려 보자고 했는데 이렇게 잘 해결되었으니 이제 아들도 하나님이 계신 것을 믿을 것이라고 했다.

일이 잘 끝났음에도 고객은 악몽에서 완전히 깨어나는 데 오래 걸렸다. 그곳을 떠나 다른 도시로 이사를 가서 1년 동안 정신 치료를 받고 요양을 해야 했다.

지금까지도 궁금한 것은 어떻게 그날 재심담당관이 처음부터 그렇게 너그러이 문제를 해결해 주려고 했는가 하는 점이다. 아마도 내가 감사팀 리더에게 고객의 생명에 관해 강한 발언을 한 것이 재심담당관에게도 영향을 미친 것이 아닐까? 나는 이 문제로 잠도 설치며 많은 시간과 노력을 쏟았다. 금전적으로 생각하면 분명히 손해보는 일이었으나 결과적으로 큰 이익이 돌아왔다. 이 일이 사회에 알려져서 돈으로 살 수 없는 많은 사람들의 마음을 얻었고, 새로운 고객이 많이 찾아 주어 전보다 더 번창할 수 있게 된 것이다.

03
거짓말

밴쿠버에서 사업을 시작한 어떤 부부의 사연이다. 캐나다에서 사업을 하기 위해 사업자금을 한국에서 가져왔다. 돈의 출처가 말썽이 되어 2년 반 동안 국세청 세무감사를 받게 되었다. 이 분들이 온 때는 감사의 끝 단계였다.

그 자금은 한국에 있는 자산을 담보로 은행에서 대출을 받아서 가져온 것이었다. 처음에 감사가 물었을 때 한국에 사는 처남한테서 빌렸다고 사실과 다르게 대답했다. 이 사람들은 사실대로 말하고 싶었지만 지금까지 매년 해외자산과 거기에서 발생하는 임대소득을 캐나다 정부에 보고하지 않았기에, 주위 사람들이 '캐나다 정부에서 한국 자산 이야기를 모르니 처남한테서 빌렸다고 하라'고 한 조언을 듣고 거짓말을 한 것이다. 즉, 첫 단추를 잘못 끼워 벌어진 일이었다. 일이 커지자 담당 회계사는 변호사를 소개해 주었는데 고객이 거짓말을 한다는 것을 알고는 변호사도 손을 떼기에 이르렀다. 이제 회계사도 변호사도 다 떠나서 전문가의 도움이 사라졌으니 절박한 심정으로 우리 사무실을 찾아온 것이다.

나는 캐나다에서 거짓말을 하면 얼마나 힘든가를 잘 안다. 그때까지 거짓말로 시작된 케이스를 맡은 일이 없어서 내가 도와주어도 별로 효과가 없을 것 같다고 거절했더니, 좋은 결과가 나오지 않아도 좋으니 도와달라고 간청했다. 감사에게 사실대로 이야기하고 한국에서 자료를 가져다가 사실에 근거해 세금을 내는 방법밖에 없다고 했다. 그렇게 하기로 하고 감사에게 전화를 걸어서 내가 ○○○씨의 새 회계사이니 한 번 만나자고 요청했다. 그러니까 그 감사는 새로운 자료가 있느냐고 반문했다. 그렇다고 했더니 그 동안 있었던 일을 대강 이야기해 주었다. 감사는 2년 동안 한국 국세청을 통해 조사를 해서 고객이 어느 은행에서 얼마를, 무슨 부동산을 담보로 언제 빌렸는지를 정확히 알고 있었으며, 전 회계사와 변호사가 왜 그만두었는지까지 상세히 들려주었다. 그러면서 당신 고객은 거짓말을 계속하는 아주 나쁜 사람이니 더 이상 시간낭비를 할 필요가 없다, 그 외에 새로운 자료가 있으면 제출하라, 만날 필요는 없다고 단호한 태도를 보였다. 결국 320,000달러의 세금이 나와 규정에 따라 재심 청구에 들어갔다.

재심담당관은 브리티시 컬럼비아 다른 도시의 세무서에 근무하는 사람이었다. 전화를 받으니 이 사람 역시, '당신 고객은 거짓말을 계속한다. 정직하지 않고 신뢰할 수도 없는 사람이므로 이 경우는 매우 힘들 것이다'라고 처음부터 부정적인 입장을 밝혔다. 나는 고객이 거짓말한 것은 사실이나 주위에서 그릇된 조언을 받아서 그런 것이니 나를 만나주면 사실을 해명하겠다, 고객도 나중에 감사에게 사실대로 이야기하려고 했는데 감사가 기회를 주지 않았을 뿐이라고 대변을 했다. 우리가 원하는 것은 고객이 자신이 잘못한 것에 합당한 처분을 받는 것이지 터무니없는 32만 달러의 벌금이 아니라고 덧붙였다.

재심담당관과 몇 번 이런 이야기를 하자, 담당관은 마지못해 새로운 사실이 있으면 서류를 제출하라고 했다. 한국에서 자료를 가져다가 감사가 지적한 내용에 대한 대답을 항목별로 자세히 적어서 증거서류와 함께 제출했다. 그 후에 몇 번 통화를 더 했는데 처음에 말했듯이 거짓말한 케이스이기 때문에 감사의 결론과 같이 재심 결정을 해서 끝내야겠다고 하며, 다른 회계사와 변호사가 포기한 것을 왜 당신이 맡아서 고생하느냐는 말만 되풀이했다. 그러면서 당신의 고객이 세무재판소에 가더라도 이기기가 힘들 것이라고 귀띔하기까지 했다. 사실 이런 경우를 법정에 가지고 가면 이기기가 힘들다는 것은 경험을 통해서 나도 잘 알았다. 고객에게는 재심담당관과 이야기한 것을 알려주었고 재심담당관이 움직여 주지 않으면 내가 더 이상 할 일이 없다고 포기의 뜻을 전했으나, 고객은 내가 하면 될 테니 끝까지 해달라고 매달렸다.

다시 재심담당관에게 전화했다. 이번에는 태도를 바꾸어 따지기 시작했다. '내가 알기로는 당신의 직책은 세무감사와 감사받는 측의 이야기를 듣고 증거를 검토해서 중립적인 입장에서 판결하는 것인데, 당신은 처음부터 감사 쪽의 의견만을 토대로 일방적인 결정을 하겠다고 한다. 당신의 업무를 소홀히 하는 것이라 생각하는 것은 무조건 감사의 손만 들어준다면 왜 국민의 세금을 걷어서 필요도 없는 재심 절차를 유지하겠는가? 당신이 나더러 새로운 증거가 있으면 제출하라고 해서 한국에서 힘들게 증거서류를 입수해서 서면으로 제출했으니 당신은 최소한 내 편지에 답을 해 줄 의무가 있지 않은가? 이 문제에 대해서 필요하다면 당신의 상사와도 상의를 해야겠으니 팀 리더의 이름과 전화번호를 가르쳐달라. 그래도 만족스럽게 해결이 되지 않으면 어떤 절차를 통해서라도 정의가 관철될 때까지 싸울 것이다' 라고 말했다.

다음날 전화가 왔다. 이 문제에 대해서 내부적으로 상의해서 내가 보낸 자료들을 세무감사에게 보내 의견을 듣기로 하면 어떠냐고 했다. 이 정도면 꽉 막혔던 숨통이 조금 트이는 것이어서, 감사가 나를 만나주는 조건으로 그렇게 하자고 했더니 좋다고 했다.

그 후 두 달이 지났을 때, 밴쿠버에 있는 세무감사실에서 관련 자료를 보내달라는 전화가 왔다. 요청한 자료를 보내며 감사와 한번 만나자고 청했더니 자기네가 자료를 검토한 후에 만나자고 답이 왔다. 한동안 소식이 없어서 궁금했는데 이번에는 다시 재심 사무실에서 다른 재심담당관으로부터 연락이 왔다. 내용인즉 전 담당자는 직장을 그만두어서 자기가 대신 맡았으며, 감사한테서 보고를 받았는데 우리측의 내용을 긍정적으로 받아들여 고객에게 유리하게 결정하도록 합의를 보았으며, 이것은 중요한 케이스이므로 오타와에서 결재가 나야 하니까 조금만 더 기다려 달라고 퍽 친절하게 이야기해 주었다. 시작하고 2년 반이 지난 후, 뜻밖에 서면으로 좋은 판결이 나서 32만 달러였던 세금이 16,800달러로 줄었다.

이 소식을 들은 고객 부부는 집에서 갓김치를 담아가지고 와서 고마움을 표시했고, 나는 내가 마음으로 포기했을 때에도 믿고 기다려준 그 분들의 인내심에 감사했다.

04
하늘에서 온 사람

 몇 년 전 어떤 중년 부부가 세무 상담을 하려고 사무실을 찾은 적이 있었다. 국세청 세무감사를 받는 중에 감사가 갑자기 감사를 중단하고 '이번 일은 형사 건criminal case이 될지 모르니 변호사를 선임해야 할지도 모르겠다'고 하고 떠났으니 어떻게 해야 되느냐고 문의하는 것이었다. 일반적으로 형사 건이 되면 변호사를 선임해야 하는데 이 사업 관할 지역이 브리티시 컬럼비아 주가 아니었기 때문에 감사가 나온 그 주의 변호사를 선임해야 했다. 물론 회계사는 캐나다 어느 주에서나 일할 수 있기 때문에 도와줄 수는 있어도 담당 변호사와 자주 만나야 하고 세무서 감사와도 많이 왕래를 해야 하니까 일의 능률을 위해서 변호사와 함께 일할 수 있는 회계사를 선임하는 것이 좋다고 조언해 주었다.

 5년이 지났다. 이번에는 부인과 장성한 아들이 사무실을 방문했다. 그 부인은 기도하는 중에 '정 회계사를 찾아보라'는 응답을 받고 왔다고 하면서 그동안 있었던 일을 자세히 이야기해 주었다. 남편은 감사받는 중에 스트레스로 병이 나 누웠다, 어느 날 갑자기 세무서 직원들이 수색 영장을 가지고 와서 집안을 다 뒤져 집과 회계사 사무실에 있는 관계 서류들을 압수해 갔다, 결국 남편은 병으로 세상을 떠났다, 그 후에 그 지방의 변호사와 회계사의 도움을 받아 감사와 재심 appeal 과정을 거쳤는데 애쓴 보람도 없이 5년 만에 백만 달러 가량의 세금이 나왔다, 이제 한두 달 안에 모두 끝장이 나게 생겼다고 했다. 그래서 억울하게 세상을 떠난 남편의 명예 회복을 위해서라도 재심담당관을 한 번 만나 달라고 간곡히 부탁하는 것이었다. 기도하는 중에 나를 만나보라는 말을 들었다는 것이 상당히 부담이 되었다. 바꾸어 말하면 하나님께서 이 분을 내게 보내셨다는 것인데 어떻게 싫다고 하겠는가? 그래서 무조건 만나 보겠다고 대답을 했다.

세무감사의 편지를 보면 고객이 두 가지 잘못을 했다. 하나는 허위 문서 작성으로, 이것 때문에 형사 건이 되었고 엄청난 세금을 맞은 것이다. 관련 서류가 모두 세무서와 변호사 사무실에 있었으므로 내용을 제대로 파악하지 못하고서는 아무리 가서 세무서 직원을 만난다 해도 효과를 기대하기 어려웠다.

그러면 문제가 된 허위 문서는 누가 만들었고 무슨 내용인가? 법인에서 사업을 매각한 다음에 주주가 돈을 회수했는데, 소득세법의 한 조항을 이용해서 이것을 정당화하려고 감사가 시작된 다음에 서류 한 장을 만들어 넣었다. 그런데 내용에 거짓이 발견되어 이렇게 큰 문제로 확대된 것이다. 세법의 전문적인 내용을 인용한 것으로 보아서 작성할 만한 사람은 회계사가 아니면 전문 변호사로, 세무감사가 나오면 일반적으로 담당 회계사의 도움을 받기 때문에 회계사가 작성한 것이 거의 확실했지만 남편이 세상을 떠나서 확인할 길이 없었다. 더욱이 담당 회계사는 세무감사가 나온 다음에 공항에서 변호사를 한번 만난 다음에는 지금까지 연락이 없다고 했다. 담당 회계사를 만나 따질 수도 있었지만 고객인 부인은 '이 문제로 우리 한 가정만 불행하면 족하지 다른 가정까지 불행해지는 것을 원치 않는다'고 해서 듣는 사람의 마음을 감동시켰다.

세무서 사람과 만나기 위해서 변호사에게 전화를 걸어 함께 만나도록 주선해 달라고 부탁했다. 변호사는 자기가 전문 회계사와 함께 5년 동안이나 일해도 안 되었는데 마지막에 와서 당신이 그들을 만나본들 무슨 소용이 있겠느냐고 부정적으로 답했다. 그래도 '나는 이민자들의 회계 업무를 많이 해서 백인들보다 이들의 문제를 더 잘 이해하지 않겠느냐'고 했더니 그러면 3자 전화 통화를 하자고 했다. 전화보다는 한번 만나는 것이 고객의 뜻이라고 설득에 설득을 해서 변호사와 함께 찾아가기로 날짜를 정했다.

약속한 날, 세무서에 가기 위해 비행기를 탔다. 세무감사에게서 온, 총 10페이지밖에 되지 않는 편지 2매를 가지고 가는 내 모습이

처량했다. 어린 다윗이 물맷돌 몇 개를 가지고 갑옷 입은 거대한 골리앗에게 가는 것과 별로 다르지 않았다. 가겠노라고 쉽게 대답은 했지만 막상 가서 아무런 성과가 없다면 이 고객이 얼마나 실망할 것인가? 그렇게 되면 이 분의 절망은 더 커질 것이 아닌가?

편지를 몇 번 읽고 조용히 기도했다. "하나님, 이 분을 제게 보내셨으니 하나님께서 이 문제를 해결해 주실 것을 믿습니다. 그러나 제 지식이나 능력 밖의 일이 되어서 마음이 불안합니다. 제게 지혜와 용기를 주셔서 맡겨 주신 일 잘 감당하게 도와주십시오." 이렇게 기도드리고 나니 이런 경우에 하나님이 어떻게 역사하실까 하는 궁금한 마음도 들었다.

몇 시간 후에 변호사 사무실에 도착하니 변호사는 책상 위에 서류상자 몇 개를 올려놓고 기다리고 있었다. 그동안의 경과를 듣고 어떻게 할 것인지 의논한 후 세무서로 향했다. 나이가 지긋해 보이는 세무서 재심담당관은 정중히 맞아주었다. 변호사와 함께한 이 삼자대면에서 그 고객을 내게 보내신 하나님이 함께 계시는 것을 느꼈다. 처음 만나는 사람들이고 시간도 별로 없어 공직에서 오래 일한 내 소개로 시작해서 '오늘 내가 여기 온 목적은 돈을 버는 것이 아니고 억울한 일을 당한 사람을 대변해 하루 동안 사회봉사 차원에서 온 것이다' 라고 운을 뗀 후,

'문제가 된 이 허위 문서는 단 한 페이지만 타자를 쳐서 만들고 고객이 세 번 싸인한 서류이다. 내용이 전문적인 것으로 보아, 세상을 떠난 고객의 경력이나 영어 실력으로는 도저히 이런 서류를 만들 수 없으므로 회계사나 변호사가 작성한 것이 확실하다. 그리고 고객이 싸인한 곳에 'X' 자가 있는데, 분명히 다른 사람이 쓰고 고객에게 싸인하라고 한 증거이다. 지금 내 고객 대부분이 한국 사람인데 회계업무를 시작할 때나 끝낼 때 영어로 된 서류에 싸인을 받는다. 대부분 읽어보지 않고 싸인하는 것이 통례이고, 읽더라도 이해하기 힘들어 결국 회계사의 설명에 의존할 뿐이다. 이 고객도 서류가 잘못된 것인 줄 모르고 서류를 작성한 전문가의 지시에 따른 것이다. 그러니 세금의 50%에 해당하는 추가 벌금 gross negligence penalty을 부과하는 것은 합당하지 않다' 고 했다.

재심담당관은 가볍게 머리를 끄덕이면서 이해가 간다는 표정을 지었다. 그러면서 '이 형사 건은 오타와 본부에서 관할하기 때문에 보고하더라도 바로잡기는 쉽지 않을 것이다' 라고 했다. 그러나 분위기는 시간이 흐름에 따라 부정적인 쪽에서 점점 이해하는 긍정적인 쪽으로 바뀌었다. 어떤 초인간적인 힘이 강하게 작용하고 있었다.

그 자리에서 사건에 대해 오래도록 이야기를 했다. 그러다 나는 고객의 딸이 병상에 있던 아버지를 위해 호소하려고 쓴 편지를 읽어 내려가다가 너무나 애절한 편지여서 감정이 북받쳐 마지막까지 다 읽지 못하고 "이만 하지요! That's enough!"라고 하고는 이야기를 마쳤다. 사무실을 나오는데 재심담당관은 당신 같은 사람이 많이 있으면 좋겠다고 오히려 칭찬을 해주었다.

몇 달 뒤에 부인과 아들이 사무실로 찾아왔다. 이번에는 전보다 훨씬 편안한 모습이었다. 변호사한테서 전화가 왔는데 세무서에서 벌금 일부를 면제해 준다는 통지가 왔다고 했다. 그 후에 부인에게 부과된 벌금 중 13만 8천 달러를 면제받게 되어, 그러면 죽은 남편 것도 면제해 달라고 했더니 규정상 죽은 사람 것은 할 수 없어서 미안하다는 답이 왔다. 한 시간의 짧은 만남을 통해서 이만한 성과를 거둔 것이 다행이었다.

그후에 변호사가 전화를 해서 전 회계사의 전화번호를 알려달라고 하면서 마지막 단계인 세무법정에 가면 승산이 있을 것 같으니 계속해 보자는 것이다. 지금까지 5년 동안 별 진전이 없었던지라 이대로 끝인 줄 알았는데 이번에 상당한 벌금을 감면받는 것을 보고는 그 서류를 전 회계사가 만들었다는 것을 증명하면 고객이 더 많이 감면받으리라 생각하는 듯했다. 부인은 변호사의 제안에 대해 내 의견을 물었다. 회계사로서 말하면 변호사의 말대로 법정으로 가져가라고 조언하겠지만, 만일 정말로 전 회계사가 했다는 것이 증명되면 허위 문서 책임이 고객에서 회계사에게로 이전될 것이므로 그렇게 간단한 문제가 아니라고 했다. 그러나 워낙 액수가 크기 때문에 변호사의 제안도 고려해 볼 필요가 있다고 덧붙였다.

여러 가지 이야기 끝에 고객은 내 결정에 따를 테니 이 문제를 위해 조언해 보라고 했다. 이때야말로 솔로몬의 지혜가 필요한 때였다. 어떤 결정이 나든 고객이 만족하도록 해결이 되어야 하고 가능하면 전 회계사가 불행해지는 것을 피해야 하며, 관계된 모든 사람들이 보람을 느끼는 해결책을 찾아야 하는 것이다.

나는 그 전 회계사와 오래전부터 잘 아는 사이였어도 그리 가까이 지내는 편은 아니었다. 그때 건강 상태도 좋지 않은 것 같았는데, 이런 소식을 들으면 건강에 악영향을 미칠 것 같아서 염려가 되었다. 억울하게 오랜 세월 고난을 당하고 결국 수십만 달러를 잃어야 하는 고객 입장에서도 사실을 밝혀 돈 문제를 해결하는 것은 좋을지 몰라도, 다른 문제가 따른다. 법정으로 가면 1-2년은 족히 걸리니 정신적인 고통이 연장될 것이고, 법정에서라고 반드시 이긴다는 보장이 없을뿐더러, 지금까지 어려운 기간을 신앙으로 견뎌왔는데 마지막에 다른 사람이 불행해진다면 그것도 고객의 뜻이 아니지 않겠는가.

그래서 여기서 끝내자고 조언했더니 부인은 기뻐하며 은행에서 돈을 빌려 나머지 세금을 내고 모든 것을 즉시 끝내버렸다. 후에

이 가정은 웃음을 되찾았고 이웃에게 사랑을 베풀며 '하나님은 사람을 통해서 역사하신다'고 믿게 되었다. 물론 전 회계사는 보이지 않는 곳에서 이와 같은 배려가 있었다는 것을 알 리 없다. 이번 사건의 해결 과정은 믿음으로 고난을 이기고 사랑을 실천한 한 여인의 승리이다.

05
땅에서 온 사람

한국에서 사업을 하고 십 년 전에 캐나다 거주자가 된 사람이 국세청 세무감사를 받게 되었다. 세무서에서는 캐나다 거주 기간 동안의 소득 신고 금액과 생활 수준이 너무 차이가 나서 감사를 나온 것이다.

세법상 캐나다 거주자이면 캐나다에서 얻은 소득뿐만 아니라 전 세계 소득을 개인 소득으로 신고해서 세금을 계산하게 되어 있다. 그런데 한국과 캐나다 간의 조세 협약이 있어서 양국 간의 조세에 관한 여러 사항을 규제하기 때문에 국제협약이 국내법보다 우선한다.

이 고객은 캐나다에서의 소득은 없고, 한국에서 전문 분야의 사업을 하기에 세무감사는 한국 소득에 관한 자료를 요청했다. 처음부터 고객은 한국·캐나다 조세 협약에 의거해서, 한국에 있는 고정 사업장에서 얻은 기업 이익에 대해서 캐나다 정부가 과세할 수 없으므로 감사할 권한이 없다는 입장이었다.

한-카 조세 협약 7조에는 '기업의 이율은 고정 사업장을 이용해서 타방 체약국에서 사업을 하지 않는 한 고정 사업장이 소재하는 나라에서만 과세한다'고 되어 있다. 여기서 고정 사업장은 사무소를 의미한다.

이 조항을 해석하며 고객은 한국 국세청에, 세무감사는 오타와 본부에 각각 알아보고 나서 고객은 감사가 감사할 권한이 없다고 하고, 감사는 세법에 근거해 감사할 권리가 있다고 팽팽히 맞섰다. 그러나 어느 쪽도 서면으로 유권적인 해석을 받은 것은 없었다.

문제를 해결하기 위해서 세무서 감사 담당 팀 리더에게 전화를 했더니, 감사에 협력하면 외국 소득에 관해서 융통성을 보이겠으나 만일 거부하면 원칙대로 감사를 할 수밖에 없다고 했다. 고객에게 전했더니 고객은 협력하겠다고 해서 감사를 받기로 했다. 감사가 요구하는 한국 기업에 관한 서류와 캐나다와 한국에 있는 가족들의 은행 구좌와 신용카드에 관한 서류를 제출했다. 감사가 '제출한 은행서류가 전부이며 빠진 것이 없느냐'고 확인하였을 때 그것이 전부라고 대답했다.

그런데 하루는 감사가 나를 부르더니 '당신 고객이 오타와에 한-카 조세 협약에 관해 편지를 보냈는데 그런 사실을 아느냐'고 묻기에 전혀 모르는 일이라고 대답했다. 고객이 나도 모르게 편지를 보낸 것이었다. 그 뒤로 감사의 태도가 달라져서 감사 담당 팀 리더와의 '신사협정'은 깨지고 모든 것을 원칙대로 까다롭게 하기 시작했다.

감사가 고객의 한국 은행 구좌를 체크하다가 우연히 다른 구좌로부터 그 구좌에 입금한 돈을 발견했다. 이어서 한국에 고객의 이름으로 된 은행 구좌가 2개 더 있는 것을 알아냈다. 감사는 전에 처음 은행 구좌가 전부냐고 물었을 때 그렇다고 하지 않았느냐, 거짓말을 했다고 크게 문제 삼았다. 캐나다 세무 제도는 자진신고 제도로 그 기본을 이루는 것 중에 하나가 '정직하여 믿을 수 있어야 한다' Trusted to be honest 이다. 거짓말한 것이 드러나면 고객에게 크게 불리해져서 나중에 법정에 가더라도 이길 확률이 희박해진다.

사실 그 두 구좌는 IMF 때 파산한 은행 구좌로 하나은행에 이전되었기 때문에 과거 서류를 만들기가 쉽지 않았다. 그렇게 해명을 했지만 오타와에 편지를 쓴 것과 거짓말한 것이 빌미로 잡혀 감사는 일방적으로만 진행되었다. '괘씸죄'까지 얹어서 60만 달러의 세금을 맞았다.

감사의 결정에 불복할 때는 90일 이내에 재심 청구를 할 수 있다. 이 과정은 세무서의 다른 부서가 독립한 위치에서 감사와 감사받는 사람의 의견을 수렴해 다시 판결하는 제도이다. 독립적인 재심을 한다고 하지만 같은 세무서의 부서이기에 감사의 의견이 많이 반영되기 마련이었다.

재심 청구를 한 후, 이번에는 두 은행의 자료를 포함해서 전보다 더 많은 자료를 수집하고 한국까지 날아가 금융감독원에서 고객이 수금할 때 이용하는 지로 제도까지 조사하는 등 만전을 기했다.

감사와 재심 기간을 합해서 2년이 더 걸렸다. 그동안 고객은 필요한 서류를 성실히 준비해 주었고 여러 가지 일에 잘 협조했다. 한편으로 나를 볼 때마다 친분이 있는 사람답지 않게 지나치게 겸손히 예의를 갖추어서 어떤 때는 불편하기도 했다.

처음에 일을 시작할 때 어느 고객과 하듯이 회계비 계산법이나 공인회계사협회에 필요로 하는 조건 등을 적은 계약서에 서명하고 시작하였다. 그런데 이 고객은 때로 일이 잘 되면 회계비는 충분히 드릴 테니 수고해 달라고 했다. 이런 인사를 들으면 한국 관습인 줄 알기는 했지만 그 분과 거리감이 느껴지는 건 어쩔 수 없었다. 그래도 계약서를 쓸 때 여러 가지 상황을 참작하여 그 분에게는 결과에 따라 받는 금액은 포함하지 않고 시간당 회계비도 가장 저렴하게 책정해서 특별 고객으로 대우를 했다.

오랜 기간 동안 많은 노력을 들이고 복잡한 절차를 거쳐 드디어 세금 60만 달러가 2만 달러로 줄어드는 결과를 보았다. 너무나 좋은 결과에 고객은 매우 만족했고 나도 보람이 있었다. 그런데 이때 고객이 신병을 얻어 치료를 받고 있다는 것을 알게 되었다. 다행히 초기에 발견되어 큰 문제는 없겠다는 것이 의사의 진단이었다.

　모든 일이 끝나고 고객이 내 사무실에 와서 함께 점심 식사를 하며 자축의 시간을 가졌다. 그리고 그동안의 회계비 청구서를 주었더니 다시 와서 해결하겠다고 하고 돌아갔다. 그런데 몇 달이 지나도 아무런 연락이 없었다. 한국 사무실로 연락해 보았더니 그곳에서 일을 하고 있었다. 한국에서 의사가 진찰받으라고 연락해서 급히 귀국했다고 했다. 그렇다면 밴쿠버를 떠나기 전이나 후에라도 전화 연락을 해야 하지 않았을까 하는 서운한 생각이 들었다. 그 후에 여러 달에 걸쳐 전화와 팩스로 연락을 하면서도 회계비 독촉은 하지 않았다.

　그리고 얼마 있자니 긴 팩스가 왔다. 귀 사무소의 무궁한 발전을 기원한다는 말로 시작해서 "소득세 조사 업무에 필사적인 노력으로 만족할 정도의 결과가 있었음을 깊이 감사 드립니다."라고 감사의 표시를 한 후 마지막 부분에 회계비에 관해 다음과 같은 글을 적어 놓았다.

　"한국의 회계사들은 국세청과 검찰청 등 관계 기관의 조사가 있을 때 다른 회계사들이 서로 품앗이 하는 심정으로 관계기관에 해명 노력하며 법령해석과 관계기관 상대 공무원에게 지극히 솔선수

범으로 보수 없이 돕는 것이 상례입니다. 이러한 고마움은 평생 깊은 정으로 감사드리는 것이 회계 업무 종사자들의 역지사지의 마음가짐입니다."

결국 회계비를 내지 않겠다는 이야기이다. 그 많은 시간과 정성을 들여 자기 말대로 '필사적인 노력으로 좋은 결과를' 가져왔는데 얼마 되지도 않는 회계비를 아끼겠다고 이런 글을 보내다니 충격이었다. 지금까지 그분을 인격적으로 존경했고 친분이 있다고 생각했는데, 그 마음이 순간 다 사라지고 미운 마음이 솟구치는 것을 어쩔 수가 없었다. 밴쿠버 최고의 동네에서 최고의 생활을 하는 지성인이 이럴 수가…! 그분에게 건강에 문제가 있으니 계속 연락하면 귀찮아서라도 내겠지 하는 생각도 들었다. 또 한편으로는 법정으로 가지고 가면 받을 수 있을 텐데 하는 생각도 들었다. 그후 얼마를 더 기다려 보았지만 역시 소식이 없었다. 이런 저런 생각을 하다가 그래도 지금까지의 친분을 생각해서 극단적인 방법보다는 한국에 가서 이야기하고 긍정적인 방법으로 해결해 보자고 결론을 지었다.

한국에 간다고 미리 연락을 하면 안 만나 줄지도 몰랐다. 그냥 가기로 했다. 한국에서 문제가 해결되지 않으면 그때는 빕징에 가기로 내심 작정하고 미리 서류를 준비해 가지고 갔다. 사무실로 찾아갔더니 나를 보고 놀라는 모습이었다. 어떻게 왔느냐고 하길래 회계비 받으러 왔다, 체류 기간이 며칠 되지 않으니 속히 결제해 달라고 부탁했다. 이번에도 수고 많았다고 고마움을 표시하며 준비해 보겠다고 했다. 서울을 떠나기 전에 전화해 달라고 해서 떠나기 전날 전화했더니 자금 회수 사정이 좋지 않아 일부만 주겠다, 다음 달 캐나다에 가서 찾아뵙겠다고 하면서, 나를 만났던 날 밤에는 한 잠도 자지 못했노라고 했다.

다음 달에 밴쿠버에서 보자던 사람이 나타나질 않았다. 믿어지지 않았다. 경제적으로 여유 있는 사람이 스스로 계약서에 서명을 하지 않았나? 누구보다 경우를 잘 아는 사람이 어떻게 이럴 수가 있나? 황당함이 미움으로 변했다. 그런데 어느 고객이 이 사실을 알고는 사무실에서 두 손을 붙잡고 기도를 해주었다. 그 기도를 통해서 그 사람을 미워할 것이 아니라 내가 변해야 된다는 것을 깨달았다. 그 순간 펜을 들어 마음의 상태를 그대로 글로 담아 보냈다.

"S님,

그간 안녕하셨습니까?

회계비 건으로 법정에 가려고 몇 번이나 서류를 만지다가 S님과의 오랜 인연 때문에 망설이고 또 망설였는데, 그 시간을 통해서 문제를 해결하지는 못하고 마음에 분노만 쌓였습니다. 그러던 중 고객 한 분이 이 사실을 알고 사무실에서 두 손을 잡고 기도를 해 주셨습니다. 그 분을 통해서 세상 일에 집착하는 자신을 발견하게 되었고 영적으로 너무나 연약함을 느끼게 되었습니다. S님, 그

동안 팩스나 전화를 받으실 때마다 마음과 건강에 부담이 되셨겠지요. 이제 마음에서 내려놓고 주님이 주시는 평안을 얻으세요. 그리고 언젠가 기회가 되면 다시 기쁜 마음으로 만나게 되기를 바랍니다.

늘 건강하시기를 바라며"

그 순간부터 나는 마음이 편해졌고 평정을 찾았다. 성령의 도우심으로 자유를 얻은 것이다.

2년 반 뒤에 무명씨로부터 편지가 한 통 날아왔다. 타자로 친 3페이지의 편지는 인격을 모독하는 말로 가득 차 있었다. 문체로 보나 내용으로 보나 누가 보낸 글인지 쉽게 짐작할 수 있었고, 함께 읽은 직원도 서슴지 않고 같은 결론을 내렸다. 은혜를 이렇게 갚을 수 있나 하는 마음이 잠시 들었지만 이번에도 마음에서 내려놓기로 했다. 그가 아니었기를 바라며….

06
한국 소득신고

밴쿠버 아일랜드에 사는 한 교포가 국세청 감사가 나와서 진행 중인데 여러 가지를 문의하고 싶다고 전화를 했다. 세무감사가 나오면 여러 가지 내용을 자세히 알아야 도움이 될 만한 답을 할 수 있는데 전혀 내용을 모르고 전화로 도와주는 것은 무리였다. 전화를 두 번 받고는 아무래도 거리가 멀어서 도와주기 힘들다고 거절의 뜻을 밝혔다. 그랬더니 세 번째 전화를 해서 부인의 병 치료를 위해 오늘 밴쿠버에 가니 좀 만나달라는 것이다. 그것도 퇴근 시간 후에 약속을 해달라고 한다. 멀리서 병 치료를 위해 온다고 하니 그럼 그렇게 하자고 하고 결국 사무실에서 부부를 만나게 되었다.

40대 부부로 첫인상은 아주 성실한 사람들이었다. 부인이 최근에 한국에서 암 수술을 받고 돌아오자마자 감사가 나와서 그 가정의 어려움은 극도에 달했다. 감사받는 것으로 인해서 회복에 지장이 있을 것이고 남편도 이로 인해 받는 스트레스를 감당하기 힘들었다. 이분들과 이야기를 나누고 있는 동안 자연히 도움을 주어야겠다는 마음으로 바뀌었다. 캐나다에서 과거에 잠시 했던 사업 내용에 급여 신고상 약간의 문제가 있을 뿐 다른 세무상의 문제는 없다. 다만 한국에서의 임대신고는 두 나라 간의 세법제도 차이로 해결하기가 힘들었다. 즉, 한국에서는 세무사가 만든 약식신고서로 신고하거나 소득을 전액 신고하지 않는 경우가 있지만 캐나다에서는 은행구좌 입금액과 정부에 신고하는 금액이 연결되어야 하기 때문에 어려운 문제가 생겼다는 것이다.

그 지역이 밴쿠버 아일랜드에 있는 빅토리아 세무서 관할 구역이어서 담당 감사와 약속을 하고 부부와 함께 빅토리아까지 차로 2시간 정도 가서 세무서에 도착했다. 부인은 몸이 불편해서 차에서 기다리게 하고 남편과 둘이서 빌딩 안으로 들어갔다. 오늘 감사가 갑자기 몸이 아파서 결근을 했다는 것이다. 먼 곳에서 어려운 발걸음을 했는데 이런 말을 들으니 힘이 쭉 빠졌다. 밴쿠버에서 출발해서 그 부부와 만나서 빅토리아에 다녀오려면 하루 종일 걸리는데, 그냥 돌아갈 수는 없는 일이었다. 한편으로는, 감사가 전화도 안 해주고 우리를 허탕치게 했으니 오히려 이로울 수도 있겠다는 생각이 들었다. 그래서 우리가 멀리서 왔으니 다른 사람이라도 좀 만날 수 있느냐고 했다. 얼마 후에 여직원 두 명이 나와서 우리를 사무실로 안내했다. 결례를 한 것에 대해 정중히 사과를 하고는 자기네들도 감사 직원이고 그 중에 한 사람은 이 감사 선의 공동 담당 감사이므로 오늘 대화 내용을 잘 적어서 전달하겠다고 했다.

나는 이 부인이 중한 수술을 받고 회복 중인데 이렇게 감사가 나와서 온 가족이 너무 큰 어려움을 겪고 이로 인해서 정신적으로 매우 힘든 가운데 있으니 다른 것보다 이 감사 건을 먼저 속히 해결해 주면 고맙겠다고 말했다. 그랬더니 이에 대해 자기네도 이 집에 갔을 때 사정을 들어 알고 있다며 꼭 그렇게 하겠다고 약속했다.

그렇게 이야기하는 내용을 둘이서 계속 적었다. 캐나다에서 있었던 일 중 미비한 것에 대해서는 우리 측이 인정하고, 한국 소득에 관해서는 그동안에 한국 국세청에 신고한 서류를 번역해 설명하고 참고로 한국 세무행정에 관해 이야기했다. 그러나 양국의 제도가 달라서 한국에서의 은행을 낀 세금신고를 이해시키기는 거의 불가능하였다. 그런데 한국에서 임대 사업을 관리하시던 고객의 어머니가 일 년 전에 세상을 떠났다. 그래서 한국에서는 사람이 죽으면 옷이나 개인 유품을 태우기 때문에 지금 과거 은행 서류를 찾기는 힘들 것이라고 사정을 이야기하였다. 사실 내가 한국을 떠날 때는 실제로 고인의 유품을 태우는 것을 흔히 볼 수 있었던 것이다. 그 감사 두 명과의 회의는 잘 진행되었고 마치 친구들이 찾아온 것처럼 친절히 대해 주었다.

밴쿠버로 돌아온 지 며칠 후에 감사한테서 전화가 왔다. 그 날 약속을 지키지 못한 것에 대해 사과를 하고, 하루 속히 감사를 마치려고 하는데 서류 번역 문제가 있으니 몇 주 더 기다려 달라고 했다. 그후 다시 전화로 우리가 이야기한 한국 소득 내용을 받아들이기로 했고 캐나다 급여에 관한 사항은 액수가 크지 않아서 이것도 과세를 하지 않고 마치겠으니 이 내용을 고객에게 전해 주라고 했다. 이 일을 통해서 어려운 일이 있을 때 그 위기를 기회로 만들 수 있다는 것을 다시 한 번 체험했다.

07
생활비 감사

밴쿠버 지역에서 법인을 만들어 오락 시설을 운영하던 사람이 국세청 감사를 받고 30만 달러의 세금을 부과받았다. 이 오락 사업은 관할 시의회에서 실내금연법이 통과됨에 따라 고객이 줄었다. 컴퓨터 게임으로 인해 특히 젊은 층의 고객이 현저히 줄어서 지난 몇 년을 적자 운영하다가 임대료를 내지 못하는 지경이 되어 문을 닫았다. 세무감사는 그 가게가 4만 7천 달러나 임대료가 밀려 집달리가 모든 시설과 자산을 공매 처분하기 위해 차압하는 것을 보았고, 고객에게 20만 달러의 은행 채무가 있는 것을 알고도 이런 거액의 세금을 부과한 것이다. 비록 이 고객은 세법상 하자가 많았다고 하지만 세무서가 너무나 명백한 경제 상황을 무시하고 이런 세액을 결정한 것은 지나친 처사라고 생각했다.

세무감사는 고객이 자금 부족으로 인해 법인 은행 구좌와 개인 구좌를 혼동해서 사용한 것을 빌미로 법인 감사와 동시에 주주 개인에 대한 감사까지 했다. 국세청의 감사 방법은 순자산 감사 net worth audit이다. 의역하면 생활비 감사라고 할 수 있다. 즉, 법인과 개인이 정부에 신고한 금액, 은행 입출 금액, 개인 생활비 등 여러 자료를 면밀히 분석해서 인정 과세를 하는 방법이다. 이 과정은 매우 복잡해서 이해하려면 전문적인 회계 및 세무 지식이 필요하다.

감사를 마치고 다음 단계인 재심 청구를 하고 나서 고객으로부터 여러 관련 자료를 수집했다. 감사가 제일 중요하게 보는 것이 은행 구좌 입출 금액이다. 신고한 소득보다 입금이 많으면 차액을 신고하지 않은 소득이라고 간주해서 세금, 벌금, 이자를 부과하고, 출금이 많으면 가족 생활비를 계산할 때 그만큼 생활비가 올라가므로 역시 불리하다.

30만 달러라는 많은 세금을 부과한 가장 큰 이유는 신고하지 않은 홈스테이 수입과 지출이 있었기 때문이다. 사업에서 적자가 나서 생활비를 조달하기 위하여 홈스테이로 한국 유학생 2-3명을 받았다. 세금 신고할 때 신고하려고 했는데, 담당회계사가 다른 소득이 없어서 홈스테이 수입을 보고하든 안 하든 세금 낼 것이 없으니 할 필요가 없다고 해서 하지 않은 것이다. 이렇게 해서 은행에 입금된 금액은 신고하지 않은 개인소득이 되었고 또 홈스테이 학생들의 생활비로 지출한 돈은 가족 생활비에 가산하는 바람에 은행 입출금 금액이 양쪽으로 소득이 된 것이다. 그뿐만 아니라 이 금액이 법인 사업의 추가 소득으로 간주되어 법인과 개인 소득으로 각각 계산되어, 별것도 아닌 것이 엄청난 결과를 가져왔다.

생활비 계산은 온 가족의 식비, 주거비, 교통비, 의료비, 개인 경비, 오락비, 교육비, 이자 및 기타 경비로 나누어서 각 항목마다 자세히 세분해 계산하며, 어느 항목의 생활비가 너무 적다고 생각되면 캐나다 평균치를 적용한다. 그러면 실제보다도 많이 계산되기가 쉽다. 이 고객의 경우 홈스테이 학생 경비를 반영한 것 때문에 연 생활비가 매년 8만 달러 이상으로 인정되어, 여기에 대한 세금이 부과된 것이다.

매년 사업에서 나는 적자를 메우기 위해서 개인 구좌로 돈을 넣었다 빼기도 하고, 더러는 매출을 직접 개인 구좌에 입금하기도 하며, 은행에서 개인이 돈을 빌려서 법인 구좌에 넣는 등 이런저런 형태로 현금 이전을 한 것도 신고하지 않은 소득을 증가시켰다. 이 외에도 한국에서 형제가 보태준 돈, 자녀들의 장학금, 비영리 단체의 행사비 등도 추가 소득으로 들어가 있었다.

재심을 담당한 국세청 직원에게 서면으로 자세한 내용을 알린 후 우리 측의 요구로 세무서에서 직접 만나서 관계되는 여러 가지 상황과 내용을 설명하였다. 얼마 후 연락이 왔다. 우리 측 요구를 수용해서 세금을 감면해 준 부분은 일부였고 많은 부분에서 감사 편을 들었다.

이렇게 억울한 일을 여기서 끝낼 수 없었다. 재심 절차가 끝나기 전에 정치적인 방법을 쓸까 생각해 보았다. 마침 관할지역 하원의원이 같은 공인회계사 출신이어서, 고객 중에 억울한 일을 당한 사람이 있으니 한 번 만나서 들어보라고 편지를 보냈다. 얼마 지난 후, 문서로 내용을 보내달라고 비서가 전화를 해서 그렇게 했는데 한동안 소식이 없었다. 또 다시 전화를 걸어서 언제나 만날 수 있겠느냐고 물었더니 세무감사 건은 하원의원이 간섭할 사항이 아니라고 만나기를 거절했다. 이 일이 있은 후 얼마 되지 않아 이 하원의원은 불명예스런 일에 연루되어 하원의원직을 사임했다. 아마도 자기 문제 때문에 다른 일을 생각할 수 없었나 보다.

이번에는 재심담당 팀 리더에게 전화해서 그동안의 진행과정을 말하고 꼭 만나줄 것을 요청하였다. 그러자 자기도 내용을 대강 들어서 안다고, 의외로 선뜻 만나겠다고 약속해 주었다. 고객과 함께 만나서 재심담당관을 설득하자 우리 주장을 들어 주어 거의 모든 것을 정상으로 회복할 수 있었다.

나는 40여 년의 회계사 생활을 통해 수많은 세무감사 건에서 국세청 직원을 상대로 고객을 대변하고, 법의 테두리 안에서 억울한 사람들의 권익을 위해 노력했다. 때로는 터무니없는 감사의 결정에 흥분하기도 했고 호소하기도 했으며, 다투던 일도 있었다. 그 경험을 통해 캐나다에서 정의가 이루어지는 것을 보았다. 나를 상대한 감사 중에는 일하다가 화가 나서 돌아가는 감사, 눈물을 흘리는 감사, 하던 일을 다른 감사에게 인계하고 손 떼는 감사, 인정사정 볼 것 없이 밀어붙이는 감사 등 힘든 사람들이 많았지만 이들이 지금까지 내 신변에 곤란을 주지는 않았다. 개중에는 오히려 나를 격려하며 내게 고마움을 표시하는 감사들도 있었다. 민주주의는 캐나다 세무감사 제도에도 살아 있다.

제6부
만난 사람들

01
군대에서

    4·19학생운동이 일어난 다음 해, 영장이 나오기 전에 자원해서 입대하기로 결정하였다. 애국심 때문이 아니라 빨리 군복무를 마치고 사회에 진출하고 싶어서였다. 그 당시 대학생에게는 일선에 가서 근무하는 조건으로 3년에 가까운 군복무 기간을 1년 6개월로 단축해서 마칠 수 있는 제도가 있었다. 그 사람들은 군번도 '00'으로 시작한다고 해서 '빵빵 군번'이라고 했다. 전방에 가서 행정은 하지 못하고 소총소대원으로 근무했다.

    논산훈련소에서 전, 후반기 훈련을 마치고 이등병 계급장을 달고 일선으로 가는 도중 기차가 서울에 몇 시간 머물게 되었다. 서울 출신들은 잠시 집에 다녀오도록 외출 허락을 받았다. 역전에 나오니 거리는 어수선하고 지나가는 차에서 삐라를 뿌리고 있었다. 한 장을 주워서 보았더니 국가재건 최고회의 장도영 중장 이름으로 된 혁명 공약이었다. 이때가 바로 5·16 쿠데타 날 아침이었다. 그러나 정치에는 아랑곳없이 얼른 집에 다녀온 후 일선으로 실려 갔다. 그때부터 전방 근무를 시작했다.

며칠 후 갑자기 빵빵 군번 사병들을 다 집합시키더니 지뢰를 가득 실은 트럭에 태워 임진강을 건너 DMZ로 데려갔다. 도착해서 우리를 일렬로 세우고 간단한 설명을 한 후 지뢰를 묻게 하였다. 그 당시에는 교육을 받지 못한 농촌 출신들이 많아 훈련시킬 시간이 없어서 대학 출신들을 동원했던 것 같다.

이렇게 시작한 군대 생활은 매일같이 땅 파고, 창고 같은 것을 지었다 허물었다 하며, 무거운 박격포, 기관총을 메고 산에 오르내리고, 밤낮으로 보초 서고, 심심치 않게 기합 받는 일과였다. 우리처럼 도시에서 학교 다니고 다방이나 드나들던 사람들에게는 퍽 고된 일과의 반복이었다.

식사는 멀건 콩나물 된장국과 밥이었다. 그것도 양이 턱없이 부족해서 항상 배고팠다. 우리 부대가 있던 곳은 휴전선 근처 작은 두 마을 사이였는데 물도 귀해서 식수를 차로 운반해 쓰는 형편이었다. 여름철에는 그나마 냇가에서라도 세수를 했지만 겨울에는 다 얼어붙어서 세수를 거의 하지 못했다. 목욕 같은 것은 생각할 수도 없었다. 얼굴에는 때가 끼어 기름이 반지르르 흐르고, 두꺼운 방한복과 방한화 때문에 더러운 얼굴에 때 묻은 옷과 신발을 더해, 그렇게 지저분한 몰골은 지금은 어디서도 찾아보기 힘들 것이다.

어느 날 잡일을 하다가 갑작스런 호출에 막사로 돌아왔다. 상급

자 몇 명이 대야에 물을 떠 가지고 와서 세수를 하라고 하며, 제일 좋은 군복과 새 군화를 신고 상급 부대인 연대로 즉시 오라는 지시가 왔다고 수선을 떨었다. 참 오랜만에 세수를 하고 방한복이 아닌 새 군복을 입고 거울을 보니 제법 군인다웠다.

연대에 가니 교육담당 부관인 이중위가 반갑게 맞으면서 오늘 미군 고문관이 오니 군인 막사 짓는 곳에 가서 통역을 하라는 것이었다. 이중위는 육사 출신으로 우리 소대장으로 있다가 진급해서 연대 부관으로 간 사람이었다. 예전에 내가 중대장에게 쉬운 영어를 개인지도한 적이 있어서 그것을 기억하고 부른 모양이었다.

공사장에는 사단 내의 연대장, 대대장 및 부관 장교 몇 명이 있을 뿐 사병은 별로 없었다. 당시 일등병이었던 내가 있을 곳은 전혀 아니었다. 영어도 별로 잘 하지 못하는데 이렇게 중요한 자리에 급작스레 통역을 맡게 되니 걱정이 앞섰다. 그렇다고 못 한다고 할 수도 없어서 어떻게든 해낼 수밖에 없었다. 호랑이 같은 우리 대대장이 지휘봉을 하나 건네주더니 연습을 해보라고 했다. 앞에 세워 놓은 설계도를 보니 다행히 우리말이 영어와 함께 적혀 있어 자신 있는 척하고 설명을 했더니 이를 듣던 대대장이 절도 있게 하라고 핀잔을 주었다.

드디어 연막탄이 터지고 헬리콥터가 내리더니 말채찍을 손에 든 사단장과 미 고문관 대령이 참모들과 함께 내렸다. 모두 긴장하고 있는데 사단장이 가까이 오더니 "오늘은 내가 하지." 하고 직접 설명을 다 해 버려서 나는 끝날 때까지 아무 것도 하지 않고 듣기만 하다 돌아왔다.

그 일이 있고 얼마 후에 마을에 가서 페인트를 사 오라고 했다. 양 손에 페인트 통을 들고 트럭을 기다리고 있는데 차량 앞 번호판의 별판을 가린 연대장 지프차가 갑자기 내 앞에 와 섰다. "얼른 올라타"라는 말에 안을 들여다보았더니 연대장이 직접 운전을 하고 있었다. 양손에 든 페인트 통 때문에 제대로 경례도 못하고 차를 탔다. 운전병이 휴가중이어서 직접 운전을 한다고 하면서 연대를 지나 우리 대대에까지 데려다 주고는 돌아갔다.

이렇게 연대장과 얼굴을 익힐 기회가 두 번 있었다. 군대에서 제일 힘든 것 중의 하나가 내무사열인데 정돈 상태나 군인정신상태 등 여러 가지를 점검하는 것으로, 특히 연대 내무사열이 있는 날은 온 부대가 뒤집힌다.

한 번은 연대장이 우리 소대 막사에 내무사열을 하러 들어오다가 나를 보니 "자네 여기 있나" 하고는 다음 막사로 넘어갔다. 따라오던 부관들도 그냥 지나가버렸다. 그 후부터 연대 내무사열이 있으면 으레 나를 문간에다 세웠다. 그렇게 온 소대원이 얼마 동안 군대생활을 편하게 하는 데 일조를 했다.

  그 연대장은 강창성 님으로, 나중에 보안사령관을 지냈으며 전두환 대통령 때는 삼청교육대까지 다녀온 역사적인 인물이다. 군대와 같은 계급사회에서 보잘것없는 일등병과 따뜻한 마음을 나눈 그분의 모습이 50년이 지난 오늘까지도 생생하다.

02
직장에서

대학 졸업 후 처음 취직한 국제관광공사현 한국관광공사는 우리나라 관광 산업을 육성하기 위해서 워커힐, 반도, 조선호텔, 지방의 관광호텔, 대한여행사, 특정 수입품 판매소, 아리랑 택시 등을 통합해서 총괄 운영하는 국영 기업체였다. 처음에는 대한여행사로 발령을 받아 주로 외국 관광객을 안내하면서 더불어 내국인을 위해 진해 벚꽃놀이와 같은 관광 행사를 개발하는 일을 했다.

입사하고 1년이 지난 어느 날 관광공사 총재를 모시고 설악산을 다녀오라는 지시를 받았다. 회사에 경험이 많고 안내도 나보다 잘하는 선배들이 많은데 이제 겨우 신입사원 딱지를 뗀 말단 사원에게 직장에서 가장 높은 분을 모시라니 부담이 되는 일이었다. 총재는 김일환 님으로 삼성장군에다 교통부 장관, 상공부 장관을 역임했다. 4·19혁명 당시 장관직에 있어서 그랬는지 옥고를 치르고 나와서 국제관광공사 총재직과 재향군인회 회장직을 맡고 있었다. 그분은 상공부 장관 재직 시 자택에 들어가서 '특선 전기'를 끊고 보통 선을 연결해서 사회적으로 존경을 받았다.

당시 총재 차는 우리나라에서 처음 개발한 시발 자동차 다음에 나온 새나라 차 세단이었는데, 길이 나빠서 워커힐 지배인 지프차를 빌려타고 가게 되었다. 앞에는 운전수와 총재, 뒤에는 총재 비서가 타니 차 안은 남자 넷으로 꽉 찼다.

처음 분위기는 무거웠으나 나는 맡은 일을 하기 위해서 차가 떠나면서부터 관광지 몇 곳을 소개했다. 총재는 별로 흥미를 보이지 않고 묵묵히 무엇인가 깊은 생각에 잠긴 것 같았다.

자동차가 전방으로 향하면서 몇 군데 군 초소를 거쳤다. 김 총재님은 사병들을 볼 때마다 가지고 간 간식을 나누어 주며 격려하였다. 마지막 초소에 이르기 전 진부령으로 가지 말고 지름길이 있으니 그쪽으로 가자고 했다. 그래서 초소에 차를 세우니 두툼한 동복을 입은 사병이 나왔다. "이곳에서 속초로 가는 지름길이 있다는데 어디로 가면 됩니까?"라고 물었더니 '군사도로라서 민간 차량은 통과할 수 없다'고 퉁명스럽게 대답하고 들어가 버렸다. 다시 불러 여기 타고 계신 분이 김일환 장군이다, 가게 해 달라고 해도 전혀 통하질 않아 소대장에게 연락을 해보라고 애원을 했더니 전화를 해 보고 가라고 했다.

자동차가 정상에 이르렀을 때 비석이 하나 보였다. 여기서 좀 쉬었다 가자고 해서 일행은 그 비석이 있는 곳으로 걸어갔다. 비석에는 "북진통일로. 대통령 이승만"이라고 씌어 있었고 이 도로는 산

업과 관광을 위해 건설되었다는 말이 적혀 있었다. 잠시 감회에 잠긴 김 총재님은 교통부 장관으로 재직할 때 자신이 개통한 도로라고 알려 주었다.

언덕으로 조금 내려가는데 사병 하나가 차를 세우더니 "좀 타고 갑시다."라고 거만하게 말했다. 가까이서 보니 계급은 하사였다. 김총재님은 아무 말 않고 일어나서 이 군인을 뒷자리에 태웠다. 언덕을 내려가는 도중 이야기를 나누다가 앞에 탄 사람이 장군이란 것을 알자 하사는 겁에 질려 내리겠다며 차를 세워달라고 간청하였다. 김총재님은 괜찮다며 염려 말라고 하고 동네까지 태워다 주었다.

언덕을 내려와서 자동차가 큰 길로 나갔는데 도대체 어딘지 알 수가 없었다. 거리는 부산하고 어수선했다. 길 가운데 경찰이 군데군데 교통정리를 하고 있고 먼지가 나서 물을 뿌려 놓았다. 여기 왔으니 속초 시청에 잠깐 들르자고 해서 지금 위치를 알아보기 위해 걸어가는 노인 앞에 차를 세웠다. 김총재님이 속초 시청이 어느 쪽이냐고 물으니 앞 골목에서 오른쪽으로 돌면 바로 보인다고 했다. 그러더니 노인이 갑자기 "장관님 아니세요?" 하고 큰절을 했다. 보통 사람이 얼굴을 보면 알 정도로 김총재님은 잘 알려진 분이었다.

시청에 가서 시장님을 만나러 왔다고 했더니 오늘은 중요한 일이 있으니 다음에 오라고 했다. "사실은 서울에서 오신 관광공사 김일환 총재님이신데 이곳에 오신 김에 시장님을 잠시 뵙고 가면 좋겠습니다."라고 했더니 우리를 맞은 사람은 그 자리에서 벌떡 일어나서 "아, 그러세요. 김장관님 오신다고 모두들 마중 나갔는데요." 하고는 우리 일행을 상황실로 안내하였다. 얼마 후 시장이 헐떡거리면서 들어와서 속초시의 여러 가지 통계 자료를 보여주었다. 나중에 알고 보니 김장관 일행을 맞기 위해 도로에 먼지 나지 않도록 물을 뿌리고, 세단을 타고 진부령을 넘어올 것으로 예상하고 시장과 경찰서장이 속초시 경계까지 나가서 기다렸다는 것이다. 그런데 미시령을 넘어 지프차로 들어왔으니 못 만날 수밖에 없었다.

속초시장의 안내로 논두렁길을 걸어 논 가장자리에 누런 흙탕물이 고인 곳에 갔다. 흙탕물 가운데서 보글보글 올라오는 물줄기가 있었다. 손을 넣어 더운물이 나오는 것을 확인하고 앞으로 관광 개발을 하자고 하며 우리 일행은 설악산으로 향했다. 훗날 그곳이 척산 온천이 되었다.

설악산 국립공원 안에 있는 설악산관광호텔에 여장을 풀고 저녁 식사를 하기 위해 식당으로 갔다. 식당 안에 들어서서 길게 놓은 상에 음식을 푸짐하게 차린 것을 보고 놀라지 않을 수 없었다. 이런 벽지에서 어떻게 이렇게 진수성찬을 차렸는지! 또 여러 사람이 기다리고 있는 것도 뜻밖이었다. 그곳에 참석한 사람들은 속초시장, 경찰서장을 비롯해서 고급 관리들과 언론기관 관계자, 지방 유지 등 십여 명이었다.

식사를 시작하자 기자들이 관광 개발에 대해 질문했고 김총재님은 여러 가지로 고무적인 이야기를 했다. 잠시 후 그는 "우리 회사의 관광 실무자가 이 자리에 있는데, 미스터 정, 혹시 관광 사업을 하면서 어려운 점이나 부탁할 말 있으면 이야기하시오."라고 하는 것 아닌가. 모든 사람의 시선이 내게로 집중되었다. 아무 준비도 없이 앉아 있다가 갑자기 이야기를 하라니 앞이 캄캄하였다. 그렇다고 아무 말 안 할 수는 없어서 얼떨결에 "이곳에 버스를 몰고 오면 검문소에서 경찰이 차를 조사한다고 가끔 운전수들을 괴롭혀서 시간도 오래 걸리고 관광객에게 좋은 인상을 주지 않을 때가 있습니다."고 했더니 앞에 앉아 있던 경찰서장이 얼굴이 붉어진 채 말했다. "그런 일이 있었다니 참으로 죄송합니다. 앞으로 그런 일이 절대로 없게 하겠습니다." 경찰서장에게는 좀 미안했어도 그 후에 대한여행사 버스는 한동안 편히 다닐 수 있었다. 얼떨결에 관광 사업에 '공헌' 한 셈이었다.

첫날 저녁을 설악산 관광호텔에서 지내고 아침에 일어나니 벌써 문 앞에 호텔 지배인이 피켈^{등산용 지팡이}을 가지고 기다리고 있었다.

좁은 지프차 공간에서 같이 여행한 동안에 내가 직장이나 여행하면서 만난 인물들에 대해서 김총재님과 이야기한 것을 떠올리면 다른 사람들이 권력에 가까이 있는 사람들에게 잘 보이려는 것이 어느 정도 이해가 간다.

여행에서 돌아와서 후암동에 있는 김총재님 자택에 도착했을 때는 댁에서 저녁식사를 마친 뒤였다. 집안은 검소했다. 둘이서 늦게 상을 받고 저녁식사를 하는데 방석이 하나밖에 없어서 서로 양보하다가 결국 그 방석을 내가 깔고 앉을 수밖에 없었다. 그분의 겸손하고 섬기는 마음이 지금도 잊혀지지 않는다.

설악산 미시령, 김 종채님이 기념비를 보고 있다.

03
공항에서

    오랫동안 준비한 도미 유학의 꿈이 실현되어 부푼 마음으로 김포공항으로 향했다. 짐은 책 몇 권과 옷, 그리고 친지들이 준 선물 몇 가지로 간단한 것이었고 여권과 미화 60달러, 미국행 비행기표 등 꼭 필요한 것들뿐이었다. 여권은 단수 여권에다 미국 단수 비자, 비행기표도 편도였다. 꽤 빈곤한 모양새였다. 어느 분이 미국에 갈 때는 미국 비행기를 타야 비자도 잘 나오고 필요할 때 도움을 받을 수도 있다고 해서 서울에서 동경까지는 노스웨스트 항공으로, 동경에서 LA까지는 그 당시에 잘 나가던 팬암 표를 샀다. 40년 전에는 우리나라가 가난해서 미국까지 편도 600달러 정도의 비행기표면 돈을 무척 많이 쓰는 편이었다.

    공항에 도착하니 가족, 친척, 직장 친구들이 나와서 성대한 환송을 해 주었고 내가 많은 사람들의 선망의 대상이 되었다. 그 당시에는 비행기를 공항 건물에 대질 않아 널리 걸어가서 트랩으로 올라가야 했다. 환송객들이 이층에 올라가면 타는 사람이 비행기로 걸어 올라가는 모습을 볼 수 있었고 다 올라가서는 서로 손을 흔들어 이별의 정을 나눌 수 있었다.

 모든 사람과 다 인사를 하고 출국 수속을 하는데 같은 교회에 다니는 J를 만났다. 학년 차이가 있어서 J와 직접은 별로 친분이 없었어도 언니와는 고등학교 시절부터 교회 활동을 같이 해 잘 아는 사이였다. 마침 같은 비행기 편으로 LA까지 가게 되어 함께 좌석을 받았다.

 비행기를 타고 좌석에 앉아서 조그마한 유리창으로 내다보니 아직도 환송객들이 보여 열린 문으로 다시 한 번 손을 흔들고 자리로 돌아왔다. 보잉 707의 거대한 기체가 서서히 움직이기 시작하니 지금까지 들떴던 마음이 불안해지고 피로까지 몰려왔다. 옆에 앉은 J는 훌쩍거렸다. 나는 겉으로 아무렇지 않은 척하고 굳게 마음먹으라고 위로를 해주었다.

 두 사람이 한 비행기로 유학을 갔지만 입장은 많이 달랐다. J는 언니가 있는 텍사스 주로 가는데, 공항에 마중 나올 사람이 있고 당장 먹고 잘 곳도 해결되지만 나는 기다리는 사람도 없고 당장 일을 해서 의식주를 해결해야 하고 어려운 공부도 따라갈 수 있을지, 모든 것이 불안하기만 했다. 다만 어디로 가든지 '하나님이 함께 하시리라' 하는 믿음만을 가지고 있었다. 비행기가 고도에 오르고 시간이 제법 흐르자 혼자가 아니라 다정히 이야기를 나눌 사람이 있다는 것이 서로 위로가 되었다. 그 당시에는 혼자 여행하는 사람이 많으므로 내용을 모르는 사람이 우리를 보았다면 젊은 남녀가 함께 미국 여행을 하는 줄로 알고 부럽게 생각했을지도 모른다.

동경 하네다 공항에 착륙했다. 처음으로 에스컬레이터를 타고 식당에 올라가서 식사를 하고 비행기를 갈아타려고 팬암 카운터로 가서 수속을 하는데 놀랄 일이 생겼다. J의 미국 비자가 만기가 되어서 비자를 새로 받지 않으면 비행기를 못 탄다는 것이다. 미국 비자를 자세히 보니 서울 미국 대사관에서 비자를 줄 때 사무 착오로 비자 발행일과 만기일을 같은 날로 적어서 처음부터 비자가 유효하지 않았던 것이다. 그때가 마침 일요일 오후여서 미국 대사관도 닫았다고 하니 앞이 캄캄하였다. 그렇게 받기 어려운 비자를 받았으면 좋아서라도 한 번 읽어보고 올 것이지…. 우리는 속수무책이었다. 팬암 직원들이 애써 보겠다고 하더니 두 시간쯤 후에 새로 비자를 받아왔다. 어디서 어떻게 받았는지는 몰라도 미국 비행기 회사여서 가능했던 것 같다. 외국에서의 첫 번째 위기가 지나갔다.

동경에서 출발해서부터는 피곤해서 잠에 취해버렸다. 비행기는 알래스카에서 연료 공급을 위해 잠깐 멈추었다. 그리고 남쪽으로 가는 도중 '밑에 보이는 섬이 아름다운 밴쿠버 아일랜드'라는 안내 방송이 나왔다. 그러다 날이 어두워지고 첫 도착지 샌프란시스코에 착륙했다. 첫 도착지에서 입국 수속, 세관 통과를 위해 모두 내렸다.

　내가 수속을 밟을 차례가 되었다. 세관원이 짐을 조사하다가 어머님이 워싱턴에 계신 친구분께 갖다 주라고 만들어 주신 오자미 모양 씨앗 주머니를 보더니 이것이 무엇이냐고 물었다. 내가 영어로 씨 이름을 몰라서 그냥 채소 씨라고 했더니 머리를 갸우뚱 하면서 기다리라고 하고 누군가를 부르러 갔다. 미국에 도착하자마자 이거 잘못하면 미국에 들어가지도 못하고 쫓겨나겠구나 하고 겁이 났다. 잠시 후 키가 큰 농산물 검사관이 와서 역시 무엇이냐고 물었다. 우리 식성에는 채소가 중요해서 어머님이 뉴욕에 가서 심어 먹으라고 주신 채소 씨라고 말을 좀 바꾸어 이야기했다. 그러자 꼬챙이로 몇 곳을 찔러보더니 통과시켜 주었다. 뉴욕 시내에서 채소를 심어 먹는다는 것이 말이 되지 않아도 믿어주는 것이 참으로 고마웠고 거짓말을 보태어 이야기한 것이 부끄러운 생각이 들었다. 이로써 한국을 떠난 지 24시간도 안 되어 두 번째 위기가 지나갔다. LA에 도착해서 J는 텍사스로, 나는 뉴욕으로 각각 목적지를 향해 떠났다.

　"J양, 지난 8월이 만 40년이 되는 달이더군요. 그때는 경황이 없어 서로 전화번호도 주고받지 못해 아직까지 안부를 전하지 못하고 있지만, 워낙 수재 집안 출신이니 공부는 잘해냈으리라 믿습니다. 사람들이 그러는데 여자는 50세가 되면 교육의 평준화가 된답니다. 세월의 연륜으로 보아 지금쯤 할머니가 되었어도 괜찮겠군요. 다른 것은 다 잊어버렸어도 동경에서의 일은 지금도 기억나겠지요?"

04
대학에서

미국에서 처음 정착한 곳이 뉴욕 시였다. 뉴욕은 한국에서 영화를 통해 보던 미국이 아니었다. 더럽고, 시끄럽고, 냉정한 범죄의 고장이었다. 공원에는 저녁이 되면 통행금지라는 간판이 붙고, 지하철역은 낙서 천지에다가 골목마다 경찰관이 서 있어도 범죄가 끊이지 않아 아파트에는 문 잠그는 것이 서너 개씩 있게 마련이다.

호텔학교를 다녀서 다행히 파크 애비뉴에 있는 델모니코스 호텔 프런트에 취직을 했다. 시간당 2달러를 받았는데 그 당시에 폭스바겐 자동차 한 대가 1,700달러 정도였고, 담배가 35-36센트, 휘발유가 담뱃값과 비슷했으므로 적은 돈이 아니었다.

그러나 이제 정식으로 대학 학위도 받아야 되겠고 해서, 뉴욕을 떠나야겠다고 생각했다. 대학 몇 군데에 입학원서를 냈더니 뉴잉글랜드 지역의 한 대학이 학비장학금 통지를 보내왔다. 학비문제는 해결되었지만 기숙사비와 식비를 벌려면 지금 직장 봉급으로는 부족했다. 그래서 여름 동안 펜실베이니아 주의 리조트 호텔에서 벨보이로 일해서 일 년 동안 필요한 생활비를 마련하였다. 이제 일 년 동안은 일하지 않고 학업에만 열중할 수 있게 되었다.

뉴잉글랜드는 미국에서도 단풍으로 유명한 고장이다. 9월에 대학 캠퍼스에 도착하니 도로 양편으로 빨갛고 노란 단풍이 장관을 이루고 있었다. 대학 종탑에서는 정오와 다른 때에도 하루에 서너 번씩 전통 찬송가가 흘러나왔고, 낙엽을 밟으며 캠퍼스 거리를 걸을 때는 새로운 세계에 녹아드는 것 같았다. 이제야 미국에 왔다는 실감이 났다.

뉴욕에 있을 때 한 친구가 "뉴잉글랜드로 가면 공부 좀 해야 될 걸."이라고 했던 말이 생각났다. 이제는 은근히 학교 공부를 따라갈 수 있을까 하는 걱정이 되었다. 학기가 시작하기 전 학과에 들러서 주임교수와 몇몇 교수에게 인사했다. 그 중에서 60대의 노교수가 관심을 가지고 친근하게 대해 주었는데, 나중에 알고 보니 그 교수가 내게 장학금을 주도록 추천한 교수였다.

이름은 존 홀든John T. Holden, 이 교수는 그 지역의 대학에서 학과장과 학장을 지냈으며 월남 전쟁 당시인 이때 미 국무부 동남아시아 담당 고문 교수로 활약하고 있었다. 사실 홀든 교수는 과제를 많이 주어서 학생들이 그 과목을 신청하기를 꺼렸다. 과제는 보통 일주일에 페이퍼 백Paper back 책 한 권을 읽고 에세이를 쓰는 것이었다. 내 실력으로는 일주일에 영어책 한 권을 읽는 것이 거의 불가능했지만 그 당시 상황으로는 신청을 하지 않을 수가 없었다.

미국 대학에서의 첫 번째 강의 시간이 되었고 30여 명의 학생이 모였다. 홀든 교수는 과거에 자신의 학과를 거쳐 간 한국 학생 몇 명에 대한 이야기를 해 주었다. 한 명은 여기서 학위를 받고 뉴욕에서 변호사가 되었고, 한 사람은 이 대학에서 제일 아름다운 아가씨와 결혼하고 버클리로 가서 박사가 되었고… 등등. 그러다 내 이름을 부르고는 여기 새로 한국 학생이 왔으니 여학생들은 조심하라고 했다. "옆에 있는 미국 아가씨들을 쳐다보지 않고 공부만 하면 내가 학위를 주어서 내보내겠다"고 해서 학생들이 한바탕 웃었다.

소문대로 매주 에세이 쓰는 것은 참으로 벅찼다. 그러나 점점 요령이 늘어서 책을 다 읽을 시간이 없으면 목차와 서론, 결론만 읽고 에세이와 직접 관계되는 부분만 훑어보는 식으로 겨우겨우 해 냈다. 그러면 교수는 빨간 잉크로 관사, 전치사 등 잘못된 것을 고쳐주고 '너희 나라 말에는 관사가 없느냐' 고 질문을 적어 놓기도 했다. 처음 몇 달 분주히 지내니 드디어 첫 학기말 시험이 왔다. 첫 시험이니까 잘 쳐야 할 것이었다. 하루 대부분의 시간을 투자해서, 한국에서 공부했듯이 배운 것을 열심히 복습하고 중요한 내용을 외워서 시험에 임했다.

문제지에는 의외로 두 문제밖에 없었다. 80점짜리 큰 문제는 얼른 답을 쓰기가 힘든 문제였다. 내용인즉, '여러분을 중국 모택동 정부의 각료로 가정해서, 갑자기 모택동이 사망했을 때 중국 최고 인민위원회에서 모택동 정부의 잘못된 점을 비판하고 그 이유를 논하라'는 문제였다.

그 시절 우리나라에서는 공산주의 책 하나만 있어도 반공법으로 중형을 받을 때였다. 감히 내가 공산당 지도자 입장에서 생각한다는 것 자체를 얼른 받아들일 수 없었다. 역시 미국 교육은 주입식이 아니라 실제 상황에 적응할 수 있게 하는 교육임을 깨달았다.

캠퍼스를 지나다 가끔 마주치면 홀든 교수는 교수 식당으로 데리고 가서 점심을 사 주곤 했다. 또 어떤 주말에는 집에 와서 일 좀 하라고 해서 가보면 잔디 깎는 기계를 주고 마당의 잔디를 깎으라고 했다. 도시 출신인 나에게는 육체노동 치고도 꽤 강도가 높은 노동이었다. 일이 끝나면 부인이 준비한 점심식사를 함께하고 돈을 받아가지고 돌아왔다. 때로는 교수님이 출판업자들에게 샘플로 받은 신간 서적을 모아서 주기도 했다. 다 내가 미국 대학 생활을 잘 하도록 다방면으로 신경을 써 주는 것들이었다.

교수님은 뉴잉글랜드 지방에서 개최되는 학회에 참가하곤 했는데, 그럴 때면 저녁에 으레 부인을 차 뒷자리에, 나를 옆자리에 태우고 가서 만나는 사람마다 이 학생이 우리 과에서 가장 우수한 학생이라고 과장된 소개를 하곤 했다. 그때 만난 사람들이 교수님 제자인 미 상원의원을 비롯해서 유엔 대사, 저명한 학자들이었다. 나에게는 학문적인 관점을 넓히는 좋은 기회였다.

봄 학기가 끝날 때쯤 세 번째 한국 학생 이야기를 해주었다. 그 학생은 공부에 열심이어서 학업 성적이 우수했고 과에서도 인기가 좋은 학생이었다. 그런데 어느 해 여름에 그 학생 과에서 문제가 생겼다. 여름방학에 썸머스쿨을 하는 학생들이 도서관에서 필요한 책을 찾을 때마다 없어서 어찌된 일인가 조사하니, 많은 책이 그 한국 학생 이름으로 대출되어 있었다는 것이다. 그래서 학교 당국의 허가를 받고 이 학생의 기숙사 방을 열어보니 방에 책을 잔뜩 쌓아 놓았단다. 그런데 자기는 다른 지방으로 일을 하러 가버렸다. 가을 학기에 돌아온 그 학생의 답인즉, 다른 학생이 자기보다 더 공부 잘하는 것을 볼 수가 없어서 그랬다고 했다. 결국 그 학생의 장학금을 취소하는 정도로 사건을 마무리했다고 들었다.

내가 학위를 딸 때까지 홀든 교수는 논문 심사 위원으로 많은 도움을 주었고 나중에는 추천서를 잘 써 주어서 캐나다 브리티시 컬럼비아 주립대학에서 장학금을 받게 되어 계속 공부할 수 있었다. 내가 그곳을 떠남과 동시에 은퇴한 그는 플로리다로 간 후 소식이 끊겨서 은혜를 받기만 하고 갚을 길이 없어졌다. 나를 떠나보내면서 홀든 교수는 다음과 같은 말을 남겼다.

"내가 하버드 대학교를 나와서 처음 이 대학에 교수로 들어왔을 때 사람들이 나를 보고 진보주의자라고 했는데, 지금은 보수주의자라고 합니다. 변한 것은 내가 아니고 세월입니다." 라고.

05
교회에서

밴쿠버에 와서 처음 다닌 교회가 밴쿠버한인연합교회로, 20대에 이 교회에서 결혼하고 처와 함께 생활을 시작한 곳이다. 이 교회는 그 당시 밴쿠버의 유일한 한인교회였다. 한인회, 노인회 및 한글학교가 탄생한 한인 사회의 중심지이기도 하다.

밴쿠버한인연합교회가 속한 교단은 캐나다 연합 교단으로 1925년에 장로교, 감리교, 그리고 회중 교회가 합하여 신교를 대표하는 정통적인 기독교 교단으로 출발하였다. 그러나 세월이 지남에 따라 캐나다 연합 교단은 점차 자유주의 신학 쪽으로 기울어 1980년대 후반에는 동성애자 목사 안수를 허락하기에 이르렀다. 이로 인해 캐나다 교회들이 분쟁에 휩쓸렸고, 많은 교인들이 연합 교회를 떠나게 되었다.

당시 캐나다 연합 교단의 총회장이 우리 교회 창립자인 한인 목사였고, 동성애자 목사 안수는 성경 해석 문제가 있을 뿐 아니라 우리 정서와 도의에도 맞지 않아서 한인 신도들에게 주는 충격은 더욱 큰 것이었다. 연합 교단에 속한 대부분의 교회에서는 성도들의 마음이 흩어지고, 서로 오해하고, 방황하다가 일부 신자들이 교회를 떠나 새로 교회를 세우기도 했다.

이런 혼돈 가운데서 담임 목사는 멀리 떠나고 내가 다른 장로 한 분과 교회 행정을 맡게 되었다. 다행히 과거 남대문교회에서 30년 간 목회를 하고 은퇴해서 이곳에 와 계신 배명준 목사님이 도와주셔서 교회 행정은 큰 차질 없이 계속될 수 있었다. 배목사님은 한국기독교협의회, NCC 회장을 비롯해서 한국 교계의 여러 분야에서 큰 업적을 남긴 분으로, 자녀들이 있는 캐나다와 미국에 다니면서 도움이 필요한 교회에서 영적인 지도를 하고 계셨다.

배목사님과는 한 지역에 살았으니 가끔 교회로 오고 가는 차편을 통해 개인적으로 영적인 말씀을 들을 기회가 있었다. 그 당시 교회 내에서 동성애자 목사 안수 문제를 둘러싸고 온갖 복잡한 일이 생기는 것을 보시고 어떤 경우에도 '반칙' 하지 말라고 말씀해 주셨다. 상대방이 내게 돌을 던진다고 나도 던지면 과오의 비중에 차이는 있어도 잘못이 양편에 다 있게 된다는 뜻이다. '반칙하지 말라'는 간단한 조언이 밴쿠버에 와서 지금까지 한 번도 교회를 옮기지 않고 한 교회에서 신앙생활을 하게 한 것이다.

어느 해 교회 창립기념일을 기하여 새로 뽑힌 장로와 권사 취임 예배를 드리는 날이었다. 외부 손님도 오고 예배 후에는 축하 잔치도 했기에 교회로서는 큰 행사를 하는 셈이었다. 예배 전 진행을 맡은 사람들이 목사님 방에 모여서 기도로 준비하고, 예배 시간이 되면 사회자가 목사님과 함께 가운데 복도로 들어가고 성가대원들은 뒤따라 들어가고, 온 교인이 일어서서 찬송을 부르는 동안 성가대와 진행을 맡은 사람들이 단상에 올라가면 예배가 시작되는 것이다.

담임 목사가 안 계셔서 이 날 모든 순서를 배목사님께서 담당하시기로 되었는데 뜻하지 않은 문제가 생겼다. 예배 전에 순서를 맡은 사람들이 목사실에 모여서 기도로 준비하고 있는데 목사님께서 자리에서 일어나시더니 머리가 어지럽다고 다시 앉으셨다. 원래 배목사님은 연세도 많은데다가 건강이 안 좋으셔서 마침 그 날 따님이 미리 우황청심환을 드렸다는데, 그것 때문인지 목이 마르고 어지러워서 자리에서 일어서지를 못하셨다. 예배 시간은 거의 다 되었으니 모두 당황하지 않을 수 없었다. 냉수를 원하셔서 큰 유리잔에 물을 드리니 두 잔을 드시고는 예배당 안에 물을 가지고 들어가자고 하셨다. 잠시 후 좀 진정이 되어 괜찮다고 하셔서 사회를 맡은 나는 물 두 잔을 찬송가 밑에 들고 목사님을 모시고 성가대와 함께 들어갔다.

예배가 시작되어 드디어 목사님의 설교 순서가 되었다. 배목사님은 천천히 강대상 앞으로 나가시더니 말씀을 시작하지 않고 잠시 서 계셨다. 아마 기도를 하고 계셨는지 모르지만 기도를 담당하신 장로님과 나는 마음이 조마조마해서 혹시 쓰러지기라도 하시면 붙들어 드릴 생각으로 지켜보고 있었다. 한 30초 후에 원래 목사님 스타일대로 천천히 말씀을 시작하셨고 마지막에는 큰 목소리로 평소와 같이 설교를 마치셨다. 물론 교인들은 아무도 목사님이 그 날 어떠셨는지를 몰랐다. 예배 후 장로, 권사 취임 순서까지 무사히 마치게 되어 하나님께 감사했다.

며칠 후, 배목사님께서 그 날의 일을 말씀하셨다.
"처음에 강대상 앞에 가서 서니 앞이 캄캄하고 교인들이 보이질 않아서 '하나님, 저를 오늘 데려가셔도 좋으니 이 예배가 끝난 다음에 데려가십시오' 라고 기도하고 나니 조금 후에 교인들이 하나 둘씩 보여서 설교를 할 수 있었지요."

이 기도야말로 목회자로서 순교에 상당하는 기도였다. 하나님은 이 기도를 들으시고 이 예배를 무사히 마치게 하심은 물론 배목사님께서 이 땅에서 여러 해 더 목회를 하시도록 장수의 축복도 내려 주셨다.

06
실버타운에서

내가 한국에서 직장 생활을 할 때 잃어버린 여권을 찾아 주어서 인연이 된 은퇴한 미국 교수 부부가 있다. 그분들이 한국을 떠나면서 혹시 미국에 올 기회가 있으면 연락하라고 명함을 주었다. 그 후 뉴욕으로 유학을 갔고 그분들과 연락이 되어 뉴욕 시에서 그리 멀지 않은 뉴저지 주 차탐Chatham이란 곳에서 함께 크리스마스를 지냈다. 학교를 뉴잉글랜드로 옮긴 다음에는 그곳까지 찾아와서 격려해 주기도 했으며, 내가 밴쿠버에서 결혼해 살게 되니 이곳까지 여행을 와서 정을 나눈 친부모와 같은 분들이었다.

이분들이 밴쿠버를 다녀간 후 남편 슐츠 교수는 세상을 떠나고 부인 엘리자베스 여사가 프린스턴 대학에서 20분 거리에 있는 양로시설을 갖춘 곳에 살고 있었다. 그곳은 좋은 환경이 미국에서 손꼽히는 곳이라고 한다. 어느 날 엘리자베스 여사로부터 조그마한 카드가 왔다. 1년 전에 심장마비가 와서 앓고 있다, 수시로 정신이 오락가락하니 나를 한 번 더 보려면 빨리 와야 된다고 적혀 있었다.

아내와 함께 그곳에 갔을 때는 더운 여름날이었다. 구내식당에 들어가려면 정장을 해야 된다고 해서 양복으로 갈아입고 들어가니 남자들은 정말 다 양복을 입고 넥타이를 매고 있었다. 여사님 말로는 사람이 늙을수록 차림이 깨끗해야 사람들로부터 존경을 받을 수 있기에 다들 정장을 입는다는 것이었다.

식사 후 자리를 방으로 옮겨 여태까지 들을 기회가 없었던 남편, 아들 이야기와 자기가 살아온 이야기를 자세히 들려주었다. 그분은 1900년에 부잣집 외동딸로 태어나, 결혼해서 아들 셋을 두고 행복하게 살았는데 어느 날 공장에서 일하던 남편이 갑자기 사고로 사망했기에 27세에 홀로 되었다. 남편이 남긴 재산 25,000달러 중 19,000달러로는 집을 샀다. 나머지 6,000달러로 아들 셋을 키우며 살 생각을 하니 앞이 캄캄했다. 물론 1920년대에 그만한 돈이면 큰 액수였지만 어려서부터 부자로 자란 그녀에게는 넉넉한 돈이 아니었다.

그러던 어느 날 아버지가 어린아이 셋을 데리고 혼자된 딸이 측은해서 집에 와서 저녁 식사를 하자고 했다. 그런데 식사 중에 아버지가 식탁에서 쓰러져 세상을 떠났고, 2주 후 어머니도 갑자기 세상을 떠났다. 충격과 슬픔이 컸지만 부모의 집, 운전기사, 일꾼들, 증권과 다른 재산이 그녀에게 돌아와 하루아침에 큰 부자가 되었다. 부자가 된 것은 좋았으나 27세 젊은 여자가 아이 셋을 기르면서 자기 집, 유산, 여러 일꾼들까지 관리하자니 처음에는 너무 어려웠다고 한다. 그런데도 후에 양자, 양녀를 두어 자식을 모두 5명이나 길렀으니 본인 말로도 자기는 매우 강한 여자였다고 했다.

큰아들은 하버드대학 법대를 졸업하고 큰 회사 부사장으로 활약했고, 둘째 아들은 프린스턴대학을 나와 다트머스대학의 저명한 교수이고, 셋째 아들 역시 하버드 법대 출신으로 미국 보험회사 부사장으로 있었지만 1년 반 전에 죽었다. 그리고 양자, 양녀도 사회적으로 꽤 성공해서 활약하고 있다고 했다. 3년 전에 병으로 상처喪妻한 큰아들과 과부가 된 셋째 며느리가 그 해 봄에 재혼해서 집안이 다 기뻐했다. 다만 자신은 여행할 수가 없어서 결혼식을 보지 못했지만 집안끼리 결혼을 하니 자식들도 좋고 재산 정리하기도 좋았다고 했다. 구약시대에나 있었던 일 같은 이야기이다.

엘리자베스 여사는 다섯 명의 자녀를 훌륭하게 기르고 미국 동부 지역 적십자사 서기로 일하고 있었다. 60세 되던 해 적십자사 회장이던 슐츠 교수가 자기를 보고 "You are going to marry me!"라고 해서 어이가 없는 표정으로 쳐다봤더니 다시 한 번 같은 말을 했단다. 교제하던 사이도 아니고 개인적으로 저녁식사를 하거나 한 사이도 아닌데 결혼을 하자니 꿈같은 이야기였다. 그것도 결혼을 하자든지, 해달라고 청혼하는 것이 아니라 일방적으로 '결혼한다'니 기가 막혔다. 그래서 그녀는 "유럽으로 여행 가는데요."라고 하고는 정말로 유럽으로 떠났다. 프랑스 파리에서 돌아오니 공항에 슐츠 교수가 자기 큰아들과 함께 반지를 가지고 나와 있지 않은가! 27세에 시작한 고단한 과부 생활을 청산하고 미세스 슐츠가 되어, 그 후 25년 동안 행복하게 살았다. 엘리자베스 여사는 떠나는 우리를 문밖에 나와서 전송해 주셨다. 서양 사람답지 않게 멀리 자동차가 보이지 않을 때까지 손을 흔들어 마지막 작별을 했다.

07
쿠바에서

한 집에 살면서도 30년이 지나도록 아들과는 마음이 통하는 대화를 한 적이 없었다. 그저 습관적으로 형식적인 대화만 했을 뿐이었던 것 같다. 그래서 얼마 전부터 둘이서 여행을 하면 좋겠다고 생각했는데 마침 아내가 처가 일로 한국에 가게 되어 아들과 여행을 할 수 있게 되었다.

아들은 이곳에서 태어나 자라서 나와는 겪은 문화가 다르고, 식성, 잠자는 시간까지 다르다. 이번 여행에서는 내 바람보다는 아들의 의견을 최대한 존중하기로 결심하고 아들에게 '순종'하리라는 마음의 다짐을 하고 집을 나섰다. 출발할 때부터 돌아올 때까지 일주일 동안 함께 많은 시간을 보내야 하니 만일 서로 마음이 맞지 않는다면 여행을 하지 않는 편이 나을 것이다.

집을 나서서 목적지인 쿠바에 도착했다. 입국 수속을 마치고 리조트 호텔로 가는 버스에 올랐다. 바로 옆에 밴쿠버에서 온 캐나다인 모녀가 있어서 인사를 했다. 그 곳에 머무는 동안 식사도 같이 하고 운동도 같이 하며 한 고장 사람들로서 좋은 이웃이 되었다.

그런데 늦게 자고 늦게 일어나던 아들이 첫날부터 일찍 일어나서 7시에 아침식사를 같이하며 오히려 내 스케줄에 맞추어 주어서 놀랐다. 아마 아들도 이번에는 아버지에게 '순종' 해야겠다는 마음을 먹었을지 모르겠다. 더욱이 함께 배구, 탁구, 요트, 등산을 같이 하며 친구처럼 지낼 수 있었다. 이런 것은 처음이었고 아들도 즐거운 것 같았다.

며칠 후 아들은 스쿠터 타는 것을 배워서 자기와 함께 타자고 했다. 스쿠터라면 오토바이인데 내가 지금 그것을 배워 탄다는 것은 무리였다. 하지만 모처럼 함께 온 여행에서 아들이 청하는 것이니 피할 수가 없었다. 처음 한두 번 왔다 갔다 하며 배웠다. 옆의 가시덩굴을 피하다가 스쿠터가 내 다리에 부딪혀 멍이 들고 피도 나서 겁이 났다. 그러나 중단할 수는 없었다. 아들이 바로 뒤에 따라오면서 아버지를 잘 챙겨 주었다. 돌아오는 길에는 좀 자신이 생겨서 헬멧을 조정하고 백미러를 내 시야에 맞추어 고속도로도 무사히 질주할 수 있었다.

버스에서 만난 모녀는 우리보다 나이가 각각 많았는데, 둘 사이는 우리와 달랐다. 잠을 자고 아침에 나올 때마다 잔뜩 부르터서 서로 불만을 터뜨렸다. 어머니는 딸이 형편도 좋지 않으면서 신용

카드로 비싼 프리미엄을 내며 외국에서 돈을 많이 쓴다고 꾸지람하고, 딸은 어머니가 건강도 좋지 않은데 술담배를 줄창 해서 갑자기 무슨 일이 날까봐 걱정이라는 것이었다. 들으면 두 사람 말이 다 옳기는 하다. 그런데 둘 다 자기 잘못은 안 보이고 상대 잘못만 보이는 모양이었다. 그곳에 있는 동안 이 모녀가 화해하도록 중재하는 것이 내 일과 중 한 부분이 되었다.

하루는 그 딸과 함께 바다로 카약을 타러 갔다. 배를 타고 바다로 나갈 때는 구명조끼를 입어야 한다. 조끼를 입자고 했더니 입지 않아도 될 것 같다면서 할 수 없다는 식으로 하나를 집어서 입었다. 물이 별로 깊지는 않았지만 멀리 나갈수록 파도가 높이 일었다. 이럴 때 배가 뒤집히는 날에는 배를 끌고 오기 위해 다른 배의 도움을 받아야만 하겠기에, 얼마쯤 가다가 돌아가자고 했다. 딸은 "아직 괜찮은데요." 하면서도 내 의견을 따라 주었다. 나중에 알고 보니 그녀는 과거에 캐나다 로잉노젓기 국가대표 선수로 홍콩을 비롯해서 여러 나라에서 원정 경기를 한 화려한 경력의 소유자였다. 그의 겸손한 태도에 오히려 내가 미안해졌다.

어느 날 밖에서 자전거를 타다 돌아와서 식당 옆을 지나가고 있었다. 가끔 해변에서 우리가 배구하던 것을 구경하던 50대 부부가 나를 보고 다가오더니 감격한 표정으로 "당신, 살아 있었구나!" 하고 소리쳤다. 그러더니 그 거구의 남편이 나를 껴안고는 소리 내어

우는 것이 아닌가. 무슨 영문인지도 모르고 당황한 나에게 이야기를 해주었다. 오전에 어떤 사람이 앞바다에서 익사해서 시체를 꺼냈는데 멀리서 보니 동양 사람이어서 내가 죽은 줄 알고 지금까지 슬퍼하고 있었노라고 하는 것이 아닌가. 이 먼 곳에서도 이렇게 관심을 가져 주는 사람이 있으니 고마울 뿐이었다.

가끔 모녀와 저녁식사를 함께 할 때면, 그곳에서 운동이나 오락을 통해 사귄 사람들이 모여들어 웃음꽃을 피웠다. 아들이 인기가 있어서 나도 재미있는 시간을 보냈다. 이렇게 같이 시간을 보내는 중에 어느덧 아들과의 사이에 보이지 않던 장벽이 무너지고 더 친해졌다. 이제 부자간에 진정한 대화의 문이 열렸고 서로를 이해하게 된 것이다. 남의 탓을 하기 전에 내가 바뀌어야 한다는 말이 곧 나를 가리키는 말인 것을 깨달았다. 지금까지 나는 항상 한국적인 아버지 입장에서, 위에서 아들에게 "이것을 해라, 저것은 하지 말라" 해 왔다. 진정으로 아들의 입장에서 생각한 적이 있었던가! 서양 부모들은 우리와 달리 자식들과 친구처럼 지낸다. 아마 이들은 어린아이들과도 눈높이를 맞추면 쉽게 친구가 되는 것을 일찍 깨달은 모양이다.

예수님이 섬기며 사역하신 것을 보면, 병든 자를 고치시고 불쌍한 사람과 함께 눈물을 흘리시고 제자들의 발을 씻으셨다. 다 윗자리에서 하신 것이 아니고 아래로 내려와서 '종의 도'를 행하신 것이다. 이번에 아들과의 새로운 만남을 통해서 아들은 내게 아래로 내려오라는 것을 가르쳐 주었다.

08
산에서

　책을 내기 위해서 오랜만에 한국에 갔다. 바쁜 여정 가운데서 출판 관계 일을 마치고 돌아오기 이틀 전 서울 근교에 있는 북한산에 등산하기로 계획을 세웠다. 아침에 일어나서 일기예보를 보니 오전에는 옅은 황사가 지나가고 오후에는 깨끗해진다고 했다. 등산을 하면 심호흡을 해야 되는데 보이지도 않는 황사가 건강에 좋지 못할 것 같아서 등산을 포기하고 오전을 다른 일로 보냈다. 귀한 오후 시간도 그냥 보내는 것이 아쉬워서 쉽게 갈 수 있는 곳을 찾았다. 머물던 호텔에서 1호선 전철을 타면 도봉산역까지 갈 수 있어서 운동화를 신고 간단한 차림으로 물병만 가지고 출발하였다.

　도봉산역에 간 것이 토요일 오후 3시경이었다. 도봉산으로 올라가는 길은 벌써 하산하는 수천 명의 사람들로 꽉 차 있었다. 모두들 등산복, 등산화, 모자, 장갑, 배낭, 지팡이 등 등산 준비를 잘 갖추고 있었다. 이 군중을 보니 마치 완전무장한 군대행렬 같다는 생각이 들었다. 수많은 음식점과 등산 용품 가게들이 길 옆으로 전개되었고, 그곳을 지나니 내려오는 사람들이 좀 줄었다. 사십대로 보이는 한 등산객에게 말을 건네었다.

"말씀 좀 묻겠는데요, 여기서 정상까지 올라가려면 보통 시간이 얼마나 걸리나요?"
그 사람은 나를 아래위로 한 번 훑어보더니,
"아저씨는 오늘 못 올라갑니다."
하고 퉁명스럽게 대답했다. 너무 뜻하지 않은 대꾸에 기분이 좀 상했지만 태연한 척,
"그러면 다른 사람들은 보통 얼마나 걸립니까?"
라고 재차 물었다.
"한 시간쯤 걸립니다."

한 시간이라면 내가 여러 해 동안 다니는 2.9km의 밴쿠버 그라우스 그라인드 정도 같은데 내가 못 올라갈까. 그래도 할아버지라 하지 않고 아저씨라고 한 것이 다행이긴 하지만. 좋게 생각하면 혹시 민폐라도 끼칠까 봐 그랬나!
거기서 10분 정도 더 올라가니 한 편에 여러 사람들이 나무 그늘에 앉아서 쉬고 있었다. 이번에는 30대 남자에게 인사를 하고 물어보았다.

"여기서 정상까지 오르려면 보통 얼마나 걸리나요?"
"약 한 시간 반 내지 두 시간 걸립니다."

"지금 올라가면 해 지기 전에 내려올 수 있을까요?"

잠시 머뭇거리더니,

"글쎄요, 좀 애매한데요."

두 번째 사람은 첫 번째 사람보다는 친절했지만 역시 내가 그 시간에 올라가는 것을 탐탁지 않게 생각하는 것 같았다. 왜 그럴까? 등산 차림이 다른 사람들 같지 않아서? 나이가 많아 보여서? 올라갔다가 내려올 시간이 없을 것 같아서…? 7시경에 해가 지므로 시간은 문제가 없고, 옷차림도 기본은 갖추었고, 밴쿠버에서는 마운트 베이커Mt. Baker, 위슬러Whisler 등 여러 산을 다녀도 나이 때문에 누가 염려하는 일은 없었는데!

아무리 내 마음에 들지는 않아도 그 지역 사람들의 조언을 무시할 수 없어서 올라가다가 무리다 싶으면 도로 내려오겠다는 생각으로 등산을 계속했다. 올라갈수록 내려오는 사람이 드물어서 이제는 어쩌다가 두세 명 내려오고 나처럼 오르는 사람은 앞뒤로 거의 보이지 않았다. 한참 올라가니까 편편한 곳에 몇 명이 쉬고 있는데 그 중 두 명은 짧은 바지를 입은 미국 사람들이었다. 영어로 인사를 하니까 친절히 대해 주었다. 정상까지 얼마나 걸리느냐고 물었더니 20분 걸린다고 알려 주었다.

계속 올라가다가 0.5km라는 표시를 지나 0.2km 지점에 이르니 여러 명이 음식을 먹으며 쉬고 있었다. 그곳부터는 급경사여서 조심스럽게 올라가는데 큰 바위들이 나오고 몇 군데 밧줄을 타게 되어 있으며 낭떠러지로 떨어지지 않도록 붙잡고 올라갈 수 있는 쇠기둥으로 연결해 놓았다. 정상에서 2-3m 정도의 지점에 이르니 바람이 많이 불어 몸이 흔들리고 날아갈 것 같아 서 있지 못할 정도였다. 더 이상은 무리여서 내려가려는데 마침 바람이 잦아들었다. 그냥 가기엔 너무 아쉬워 용기를 내서 끝까지 올라갔다. 사방의 아름다운 경치로 시내가 멀리 보였다. 그동안의 피로가 다 풀리는 것 같았다.

그곳에서 잠시 등산객들과 이야기를 나누고 내려오니 아직도 해가 따뜻하게 비추고 있었다. 자운봉까지 왕복 2시간 30분이 소요되었다. 만일 처음부터 서양 사람들에게 물었더라면 이 사람들은 내가 잘 다녀오도록 정확한 정보를 주고 격려하지, '못 올라간다' 라든지 '애매하다' 는 말은 안 했을 것이다.

2011년 5월 14일 도봉산 자운봉에서

제7부
여행기

01
"바다의 전설" LEGEND OF THE SEAS

　어렸을 적 학교에서 파나마 운하에 대해서 배웠다. 그때 그것이 신기했다. 이제 실제로 가 보기 위해서 크루즈 여행을 계획했다. 밤 비행기로 밴쿠버 공항을 출발해서 미국 조지아 주의 애틀랜타로 향했다. 기내에서 주는 간단한 식사를 하고 들뜬 마음을 가라앉히며 눈을 좀 붙이려 하는데 안내방송으로 손님 중에 환자가 생겼으니 승객 중에 의사나 간호사가 있으면 알려 달라고 했다. 마침 간호사가 한 명 있어서 우리 좌석에서 몇 줄 앞 왼쪽에 있는 환자를 돌보기 시작했다. 승무원이 구급상자를 가져와서 그 간호사가 응급처치를 했다. 하지만 심장마비 증상을 보여서 지상에서 치료를 받아야 했다. 결국 덴버 공항에 비상착륙하는 수밖에 없었다. 벌써 자정이 넘어 새벽이었다. 흰 눈이 덮인 공항에 착륙해서 환자와 보호자는 내렸는데 비행기는 다시 이륙할 기미가 없었다. 다시 방송이 나왔다. 비행기 구급상자를 한 번 열면 국제 항공규정상 반드시 새 상자를 실어야 떠날 수 있으므로 기다리는 중이라고 했다. 기다리는 동안 계속 눈이 쌓여서 눈까지 치운 다음에야 다시 떠날 수 있었다.

덴버에서 몇 시간 지체했기 때문에 애틀랜타에서 푸에르토리코로 가는 비행기 시간에 맞출 수 없게 되었다. 그 비행기를 놓치면 크루즈 시간에도 댈 수 없으므로 애틀랜타에 도착할 때쯤에는 마음이 조마조마했다. 그러나 다행히 그 비행기 안에 같은 목적지로 가는 손님이 수십 명 있었다. 가야 할 승객이 많아서 그랬는지 연결되는 비행기가 우리를 기다려 주었다. 이렇게 크루즈는 차질 없이 탈 수 있게 되었다.

우리 일행이 탄 배는 'Legend of the Seas' 바다의 전설라는 이름이었다. 파나마 운하를 통과할 수 있는 배 중 가장 큰 이 배는 모든 시설이 잘 되어 있었다. 그런데 배에서 하룻밤을 지냈는데 새벽에 부웅 하고 엔진 소리가 너무 크게 나는 것이 무언가 좀 잘못된 것 같았다. 밖으로 나와 보니 첫 도착 예정지인 도미니카 근처의 외딴 섬 근처였다. 알고 보니 2주 전에 그 해역에 태풍이 불어 물 밑의 모래바닥이 움직였는데, 우리 크루즈 선처럼 큰 배가 들어오니 뱃머리가 바닥에 얹혀 좌초된 것이었다. 얼마 후 도미니카에서 예인선 tug boat 두 대가 와서 줄을 매고 끌어내려 했다. 그런데 힘이 약한지 안 되었다. 나중에 한 대가 더 와서 당기는데도 우리 배는 꼼짝하지 않았다. 승객들은 갑판에서 그 모양을 보고 사진을 찍으며 오히려 들떠서 흥분했다. 그러다 어디선가 헬리콥터 한 내가 나타나서 배 주위를 돌기 시작했다. 미국 해양경비대 헬기였다. 이 배 승객의 2/3가 미국 사람이어서 자국민을 보호하려고 온 것이었다.

여러 시간 후에야 배는 모래바닥에서 풀려나와 다닐 수 있게 되었다. 그 후에도 선체의 안전 검사 때문에 물밑에서 작업을 하느라고 더 시간을 보내서, 결국 코스 중 한 곳에는 가지 못하고 다음 목적지로 가야 했다. 그날 저녁 여흥 시간에 몸이 꽤나 뚱뚱한 코미디언이 무대에 나와서 승객들에게 즐거운 시간을 선사했다. 그 중에 재미있었던 말은, "여러분은 cabin선실에서 샤워할 때 어떻게 하십니까? 제 방의 샤워실은 하도 작아서 벽에다 비누칠을 해 놓고 제가 빙빙 돌며 샤워를 합니다." 관객들은 폭소를 터뜨리며 우레 같은 박수를 보냈다. 사실, 비누를 바닥에 떨어뜨린다면 허리를 숙여 집기도 쉽지 않을 정도로 욕실이 좁아 불편한 것을 꼬집은 말이었다. 이어서 "오늘 하루 종일 작은 배들이 우리 배를 끌어서 이 큰 배가 모래에서 빠져나온 것을 보셨지요? 앞으로 이 배 이름을

도미니칸 공화국에서 바다 밑 모래 위에 얹힌 '바다의 전설' 크루즈선

'Legend of the Seas' 바다의 전설가 아니라 'Legend of the Sand' 모래의 전설라고 해야 할 것 같습니다." 관객들은 또 너무 재미있어서 박수와 웃음을 그칠 줄 몰랐다. 선장과 승무원들은 하루 종일 얼마나 마음을 졸이며 고생했을 것인가? 그들에게는 미안했지만 모두들 코미디언의 재치 있는 말에 찬사를 보냈다. 여러 해가 지난 지금도 '바다의 전설'은 지중해를 비롯해서 세계 여러 곳을 다니며 더 많은 전설을 만들고 있다고 한다.

파나마 운하는 양쪽에 철로가 있다. 배로 기찻길을 연결할 때, 앞뒤로 한 편에 두 대씩 모두 네 대의 기차를 선체에 줄로 연결해서 배가 땅에 닿지 않도록 끌고 가게 되어 있다. 어느 지점은 육지와 배의 거리가 한 팔을 내밀면 닿을 정도로 가까워서 사람이 땅을 딛을 수도 있다. 운하를 통과할 때에는 파나마 선장이 직접 배를 조종한다고 한다.

배가 태평양 쪽으로 나왔을 때 손님들에게 조타실을 보여주며 배의 항법장치 등을 설명해 주었다. 보다 보니 게시판에 적혀 있던 승객의 총인원수가 전과 달랐다. 손님 중의 한 사람이 왜 승객 수가 줄었느냐고 물으니까 한 사람이 죽어서 보호자와 함께 앞의 항구에서 내렸다는 것이다. 그 사람 말고도 이번 항해 중에 누 넁이 더 세상을 떠났는데, 파나마 운하를 지나는 것처럼 10일이 넘는 크루즈 코스는 고령 승객이 많아서 즐거운 여행 중에 편안히 생애를 마치는 일이 종종 있다고 한다.

  드디어 열흘간의 항해 끝에 종착지인 아카풀코 항구에 도착했다. 아카풀코는 멕시코 항구 중에서 일찍이 개발된 곳으로 캐리비안의 칸쿤이 개발되기 전까지 많은 관광객들이 찾던 곳이다. 시내를 돌아본 후 예약한 호텔에 여장을 풀었는데 호텔 시설이나 해변 경관이 기대에 좀 못 미쳤다. 그도 그럴 것이, 타고 온 배의 시설이 최고급이어서 귀족처럼 지냈던 것이다. 땅에 내린 뒤에는 상황이 확 달라졌다. 해가 지고 캄캄해지자 아침에 우리를 내려놓았던 그 호화여객선이 새 손님들을 태우고, 불을 환하게 켜고 우리에게 굿바이라도 하는 듯이 항만을 한 바퀴 돌며 천천히 빠져나가지 않는가! 너무 멋있었다. 그동안의 즐거웠던 일들이 잠시의 꿈 같았다. 우리를 뭍에 떨어뜨려 놓고 혼자 떠나는 것 같아서 섭섭한 마음이 들기도 했다.

  새벽잠을 자는데 밖에서 사이렌이 울리며 시끄러운 소리가 났다. 시계를 보니 새벽 4시밖에 안 되었다. 계속 자다 아침에 나가 보니 호텔 건너편에 있는 작은 건물이 불에 다 탔다. 엊저녁에 들어가서 구경했던 상점이었다. 이 여행 중에 이렇게 여러 가지 사건들이 일어나서 우리는 돌아갈 때까지 매우 조심스러워졌다.

02
수상 스포츠의 천국, 멕시코

오십대 중반의 어느 겨울, 햇볕 좋은 따스한 곳을 찾아 일주일의 휴가를 떠났다. 그 휴양지에는 수상에서 할 수 있는 여러 운동 시설이 있었고, 처음 온 사람들도 단체로 배울 수 있게 되어 있어서 몇 가지 운동을 배울 기회가 있었다. 그 중에 수상스키를 한번 타보고 싶었지만 바다에 대한 공포심도 있고 수영도 잘 하지 못해서 용기가 나질 않아 다른 운동을 즐기며 며칠을 보냈다.

휴가가 끝나기 이틀 전 큰마음을 먹고 스키 강습하는 곳으로 가 보았다. 근처에서 머뭇거리니까 강사가 "You can do it!" 당신은 할 수 있다 하면서 용기를 주며 물에 들어가 시키는 대로 따라하라고 했다. 스키를 신고 물에 들어가 배 옆으로 길게 달린 나무를 잡고 시키는 대로 했다. 배가 앞으로 감에 따라 두 발로 물에 설 수 있었다. 이 연습을 한 번 하고, 다음에는 한두 번 넘어지기는 했어도 줄을 잡고 일어날 수가 있어서 드디어 수상스키를 타고 한 바퀴 돌 수가 있었다. 차례를 기다리던 사람들이 격려의 박수를 치면서 처음 타는 사람 치고 잘 했다고 칭찬을 해주었다. 용기를 얻어 그 다음날까지 몇 차례 더 수상스키를 즐겼다. 휴가의 마지막 날 저녁에는 여러 가지 종목의 우수 선수들을 뽑아 시상을 했는데, 수상스키 부문에서도 잘 탄 사람들에게 메달을 수여했다. 그런데 마지막에 "데니스"라고 불렀다. 아무도 대답을 안 하니까 "초보자 데니스"라고 해서 나도 메달을 받는 영광을 얻었다. 수상스키를 타 본 것만으로도 흐뭇했는데 초보자 중 우수 선수로 뽑히다니 믿어지지 않았다.

멕시코 칸쿤에서 악어가 나오는 것도 모르고 수상스키를 즐기는 모습

얼마 후에 그곳을 다시 찾았을 때는 사람이 많았다. 배 두 대가 분주히 움직여도 한 번 타고 돌아온 다음에는 30분 내지 한 시간을 기다려야 다시 차례가 왔다. 다음날에는 시작 시간보다 조금 일찍 나가서 그날 첫 번째로 타게 되었다. 스키 타는 데 조금 진보가 있어 배의 속도를 빠르게 할 테니 물고랑 좌우로 움직이라고 했다. 조심스럽게 타고 무사히 돌아왔다. 그런데 이상하게 나를 해변에

떨어뜨린 뒤 이번에는 아무도 끌지 않고 빈 배로 내가 돌고 온 코스를 한 바퀴 돌아서 오더니 나를 보며 "오늘 당신은 악어의 아침 식사가 될 뻔했는데 참 다행히 무사했습니다."라고 하는 게 아닌가! 농담을 하는 줄로 생각하고 "악어 밥이 되다니요?" 하고 반문하니까 내가 다리 밑을 돌고 있을 때 큰 악어가 있어서 방금 가서 쫓아내고 오는 길이라는 것이다. 사실인즉, 그 휴양지 근처 늪에 악어 암놈과 새끼가 사는데 교미하는 계절이 되어 수컷이 짝을 만나려고 그때 처음 나타난 것이다. 그러나 아직까지 한 번도 사고가 난 적은 없었다고 안심을 시켜 주었다. 내가 스키 탈 때 그 악어를 만났다면 어찌 되었을까 생각만 해도 소름이 끼친다.

이로부터 몇 년 후, 멕시코의 다른 지방으로 가서 휴가를 보내는 중이었다. 어느 날 오후에 해변 모래밭에서 배구를 하게 되었다. 그때 예닐곱 명이 말을 타고 물가를 지나갔다. 주변에 있던 사람들은 모두 하던 일을 멈추고 평화롭게 지나가는 말들을 바라보았다. 그 중에 열 살이 안 되어 보이는 여자아이가 많은 사람의 눈길을 끌었다. 나는 문득 저렇게 어린아이가 어떻게 저 큰 말을 혼자 탈 수 있을까, 그러면 나도 할 수 있지 않을까 하고 생각했다.

이 생각을 실천에 옮겨서 드디어 말을 타는 날이 되었다. 지금까지 한 번도 말을 타 본 적이 없다고 하니까 가운데 있는 말이 제일 순하니 타라고 했다. 어떻게 해야 말이 움직이고 또 어떻게 해야 서는지, 방향은 어떻게 바꾸는지 설명을 해주기는 하는데 스페인

어라서 도무지 알아들을 수가 없었다. 일단 말에 올라타고 안장 아랫부분에 달린 등자에 발을 넣었다. 그러자 발을 반만 걸치도록 조정해 주었다. 또 뒤에서 보고 있던 미국인 관광객이 영어로 기본적인 것을 설명해 주어서 많은 도움이 되었다. 가르쳐 준 대로 기본 동작을 하니 그럭저럭 말을 몰아 대열에 끼어 갈 수가 있었다.

대열과 함께 조금 가다 보니 바닷가로 간다. 내가 탄 말은 자꾸 물속으로 들어갔다. 아무리 반대 방향으로 고삐를 틀어도 말을 도무지 듣질 않고 급기야는 발목까지 물에 잠겨 당황했다. 안내자가 도와주어서 빠져나왔다. 물가를 따라 한참 가다가 돌층계 몇 개를 올라가니 이번에는 시멘트로 포장한 길이 나왔다. 뒤에 따라오던 미국 남자가 앞에 가는 자기 부인과 함께 가려고 하니 말 순서를 좀 바꾸자고 하기에 그러자고 했다. 그런데 그 사람이 탄 말이 나를 지나치려고 내 옆으로 오기만 하면 내 말이 길을 막아서 위치를 바꿀 수가 없었다. 한번은 두 말이 부딪혀서 내 발이 그 사이에 끼어 겁이 나기도 했다. 사람이 사는 사회에 사람이 만든 질서가 있듯이 말들도 자기들의 질서가 있어서 사람의 간섭을 끝까지 용납하지 않았다.

그 후에도 승마를 하고 싶어서 다른 곳에 갔을 때 다시 한 번 말을 타 보기로 했다. 이곳은 전에 타던 곳보다 여러 가지로 준비가 잘 되어 있었다. 언어도 잘 통하고 설명도 자세히 해 주며 승마 모자까지 주어 마음이 놓였다. 나는 이번이 두 번째여서 마음이 편하지만 동물은 주변 환경에 민감할 것이었다. 자동찻길을 건널 때는 신경이 쓰였다. 더욱이 말들은 자기를 탄 사람이 초보자인지 능숙한 사람인지를 잘 구별해서 대하는 것이 다르다고 한다.

 한참 행렬을 지어 가다가 캐나다 RCMP 연방경찰가 행사 때 예복을 입고 행진하는 것 같이 걷기와 뛰기의 중간 동작을 따라하라고 했다. 나는 너무 힘들어서 안 배워도 된다고 했지만 단체 행동이니 모두 같이 해서 보조를 맞추라고 권했다. 그래서 결국 엉덩이를 조금 들고 자세를 바르게 하여 가볍게 토닥토닥 뛰는 연습을 끝까지 했다.

 계속 가니 이번에는 말이 나뭇잎이 있는 곳으로 가서 풀을 뜯어 먹기도 하고 어떤 때는 사람 키의 두 배만큼 크고 가시가 있는 선인장으로 다가가서 오싹해지기도 했다. 승마를 제대로 즐기려면 안전한 곳에서 차근차근 배워서 타야지 그때처럼 되는 대로 타는 것은 위험했다. 그래서 말 타기는 거기서 졸업하기로 했다.

 그 외에도 돛단배를 타는 세일링, 바다에서 카약 타기, 수면에서 바닷속의 아름다운 물고기를 보는 스노클링, 바닷가에서 암벽 타기 등 겨울철에 따뜻한 멕시코에서 쉽게 즐길 수 있는 운동들이 많았다.

03
제주도 방문기

한국에 올 때마다 발전하는 모습이 늘 새로워서 고국에 대한 자부심을 갖게 된다. 셀 수 없이 늘어선 현대식 아파트, 넓게 펼쳐진 도로와 그 위를 질주하는 차량들, 잘 차려입고 거리를 다니는 건강해 보이는 많은 사람들, 붐비는 상가와 백화점, 편리한 교통 시설, 울창한 숲과 아름답게 가꾸어 놓은 공원들….

한번은 도시와 다른 모습을 보기 위해 제주도로 갔다. 비행기 예약을 하러 지하철을 타고 시내 롯데호텔로 향하였다. 이 호텔은 과거 내가 처음 직장 생활을 했던 반도호텔을 허물고 새로 지은 곳이다. 젊은 날이 생각나서 잠시 추억에 잠겼다. 그 당시에는 한국에서 제일 좋은 호텔이어서 이 빌딩 안의 사무실에서 일한다는 자부심이 있었는데, 그런 역사적인 건물이 없어져서 좀 아쉬웠다.

호텔로 향하는 도로에 복잡하던 것이 없어졌고 호텔 로비에 들어섰을 때는 사람도 별로 없어 조용하였다. 나는 밴쿠버 기후를 생각하고 짙은 감색 양복 한 벌을 가지고 갔는데, 추석 때 서울 기온

이 높아서 복장이 계절에 맞지 않아 좀 불편했다. 계절에 맞게 옷을 입은 사람들은 내 옷차림만 보아도 외국에서 온 사람이라는 것을 알았을 것이다.

항공사 사무실은 2층에 있었다. 에스컬레이터를 타고 올라가니 한복을 입은 아가씨 셋이 저쪽이라고 안내를 했다. 나는 순간적으로 이 아가씨들이 내가 어디 가려는지 어찌 알고 저쪽으로 가라 하나 싶었지만 안내 방향으로 갔다. 막다른 곳에 사람들이 줄을 서 있었다. 자세히 보니 어떤 건장한 아프리카 남자가 화려한 의상을 입고 들어오는 사람들과 일일이 악수를 하고 있었다. 여기는 내가 있을 곳이 아니라고 판단해서 뒤로 돌아 나오는데 어떤 젊은 남자가 다가오면서 어딜 가느냐고 물었다. 비행기 예약을 하러 항공사에 가는 길이라고 했다. 그러자 어디서 나타났는지 별안간 남자 두 명이 험상궂은 표정을 지으며 내 양옆으로 와서는 여기 어떻게 왔느냐고 했다. 에스컬레이터 타고 왔다고 했더니 신분증을 보자고 했다. 여권을 보고는 여기는 오면 안 되는 곳이라고 했다. 당황하면서 자기네끼리 몇 마디 주고받고는 나를 엘리베이터에 태워 내려가게 했다.

밖을 내다보니 시청 앞 광장에 '   대통령 각하 방한 환영'이라는 현수막이 걸려 있고 호텔 앞에는 경찰차 몇 대가 사람들의 출입을 통제하고 있었다. 그러고 보니 그곳에서는 아프리카 어느

나라 대통령의 환영 리셉션을 하는 중이었고, 나 같은 사람이 거기 들어간 것은 경찰 경호의 큰 허점을 드러낸 것이었다.

며칠 후 김포공항에서 제주도로 가는 비행기에 올랐다. 이륙 준비가 다 되어 비행기 문을 닫으려고 하는데 어떤 남자가 급히 층계를 올라와서 앞자리에 앉은 어느 부부에게 "안녕히 다녀오십시오."라고 정중히 인사를 하고 내려갔다. 비행기를 공항 건물에 대지 않아서 셔틀버스를 타고 와서 탑승을 했는데, 그곳까지 쫓아와서 인사를 하는 것으로 보아 꽤나 VIP인 모양이었다. 그렇게 중요한 사람이면 탑승 전에 미리 와서 조용히 인사를 할 것이지 통제구역까지 들어와서 모든 승객이 보는 데서 '쇼'를 하는 것은 또 하나의 한국의 모습이었다.

제주도는 과거에 몇 번 간 적이 있어서 그리 낯설지 않았다. 60년대 중반에 미국 관광객 몇 명을 안내하느라고 처음 그곳에 갔을 때는 정말 가난하고 외딴 섬이었다. 제주시에서 서귀포로 가는 길가에 과일 파는 아낙네들이 있어서 "이 참외, 맛있어요?" 하고 물었더니 "먹어보지 않아서 모르겠어요."라고 대답할 정도로 가난했었다.

그런데 지금은 어떤가! 제주공항은 그 당시의 김포공항 수준이고, 호텔, 도로, 농장, 오락 시설, 자연환경 등 모든 것이 세계적인 휴양지로 변한 것을 보면 놀라지 않을 수 없다. 60년대에는 서귀포에 서귀포관광호텔이라는 지금의 작은 모텔 규모의 호텔이 바닷가에 있어서 그곳에 머물렀다. 거기서 노래하던 가수가 독일 사람이었는데 영어를 하는 사람이었다. 오랜만에 영어를 쓰는 사람을 만나서 반가웠던 일이 생각났다. 돌아올 때 탄 비행기 기종이 2차 대전 때 쓰던 DC-3라는 쌍발 프로펠러 비행기였다. 그때 코미디언 김희갑 씨가 옆에 타서 이야기를 나눈 것도 추억이었다.

제주호텔에서 하룻밤을 자고 식당에 가니 쟁반에 먹음직한 한식 조반을 담아 주었다. 창밖을 보며 여유롭게 아침식사를 즐기고 있는데, 바로 앞 테이블에 신혼부부 한 쌍이 내려오더니 10분 만에 부지런히 먹고 나갔다. 잠시 후 다른 신혼부부가 들어와서 역시 바쁘게 먹고 나갔다. 우리가 밥을 먹던 30분 동안에 신혼부부가 두 쌍이나 먼저 먹고 나간 것이다. 종업원에게 왜 저렇게들 서둘러 식사하느냐고 물어봤더니 가족들에게 선물도 사야 되고, 사진도 찍어야 하며, 관광도 해야 해서 모두들 바쁜 모양이라고 했다. 더러는 빨리 가자고 재촉하는 모습도 보였다. 신혼여행을 왔으면 하루를 지내더라도 여유 있게 미래를 설계하며 로맨스를 즐겨야 하지 않는가? 신혼여행이 아니라 일의 연속같이 보였다.

제주도 여정을 마치고 서울로 돌아오는 비행기에 올랐다. 김포공항에서는 이륙할 때와 같이 공항 건물에서 멀리 떨어진 곳에 셔틀

버스가 와서 손님들을 실어 날랐다. 트랩에서 내려오니 대형 버스 네 대가 왔다. 맨 앞의 버스는 승객 세 명만 태우더니 그냥 떠나버렸다. 나머지 세 버스에 남은 승객을 모두 나누어 태우니 그야말로 콩나물시루처럼 비좁게 타고 갈 수밖에 없었다. 도대체 그 사람들이 누구이기에 다른 승객이 타야 할 자리를 빼앗아서 그 큰 버스를 자기네 자가용처럼 타고 가는 건지. 밑의 사람들이 과잉 충성으로 했건 아부로 했건, 지도자의 위치에 있는 사람이라면 스스로 옳은 판단을 할 상식과 양심이 있어야 하지 않겠는가! 참 슬픈 일이다. 한국이 겉으로는 선진국 못지않게 건설하고 가꾸었지만 이것이 지도자상像이라면, 진정한 선진국이 되기에는 아직 더 있어야 할 것 같다.

04
세인트 마틴(Saint Martin) 섬의 크리스마스

밴쿠버는 겨울이 되면 일찍 어두워지고 비가 자주 내린다. 12월부터는 많은 캐나다인들이 따뜻한 남쪽을 찾아 휴가를 즐긴다. 그중에서도 멕시코, 하와이, 쿠바와 다른 카리브 해 섬들에 1주일 또는 2주일씩 전세기로 다녀오는 것을 볼 수 있다. 언제부터인가 12월이 되면 회사 일이 바빠지기 전에 남쪽으로 겨울 휴가를 다녀오는 것이 연례행사처럼 되었다. 그곳에서 태양 에너지를 듬뿍 받아 지루한 겨울을 쉽게 보내려는 생각이다. 이번에는 우리 부부가 도미니카 공화국에 가 보려고 예약을 했는데 열대 전염병이 돌아서 취소하고, 할 수 없이 잘 알려지지는 않은 섬이지만 세인트 마틴으로 목적지를 바꾸게 되었다.

세인트 마틴은 카리브 해에 위치한 아름답고 아담한 섬이다. 사면이 흰색 모래밭이어서 세계 여러 곳에서 피서객이 모여 붐비고, 크루즈 시즌에는 유람선도 많이 온다. 더욱이 이 섬은 네덜란드와 프랑스령으로 나뉘어 있어서 유럽의 서로 다른 문화가 방문객의 흥미를 더욱 불러일으킨다.

휴양지에서 우리가 머물렀던 호텔은 비행장 바로 옆에 있어서 하루에 서너 번씩 유럽이나 북미에서 오는 집채만 한 비행기가 내리고 떴다. 그럴 때면 거기 있던 사람들이 다 하던 일을 멈추고 비행기를 쳐다보는 것이 관광의 일부였다. 짧은 활주로를 최대한 활용하려니 지상에서 활주를 길게 해야 했고, 그러자니 비행기가 해변 모래밭에 인접한 활주로에 바퀴가 닿게 되어 있어서 보는 이들의 마음을 조마조마하게 만들었다.

착륙한 비행기가 몇 시간 후에 손님을 바꿔 싣고 다시 이륙하는 것도 장관이다. 활주로가 워낙 짧은 덕분에 착륙시 비행기가 처음 닿은 장소로 돌아와서 착륙할 때 향하던 방향으로 다시 뜨게 되어 있다. 그러므로 기체 바로 뒤에는 아무도 접근하지 못하도록 철망을 쳐 놓았고 그 뒤는 바로 모래사장과 바다가 연결되어 있다. 젊은이와 어린아이들은 비행기 뜨는 시간을 철망을 붙잡고 기다리곤 했다. 보잉 747과 같은 점보 비행기가 뜰 때면 엔진에서 나오는 바람을 받아 어떤 이들은 모래밭으로 날아갔고, 그 바람을 제대로 직접 받으면 모래밭을 넘어 바다에까지 날아갔는데 사람들은 그것을 즐겼다. 상당히 위험해 보이는데도 다치는 사람은 없는 것 같았고 정부에서도 신경 쓰지 않는 모양이었다.

크리스마스이브가 되어 거리 구경을 하고 그 지방의 음식도 맛볼 겸 중심가에 있는 식당 2층으로 가서 자리를 잡았다. 우리 식탁을 맡은 웨이터는 키가 크고 건장한 흑인이었는데 손님들의 말을 잘 받아넘길 만한 재치가 있어 보이는 사람이었다. 식사를 잘 하고 후식은 별로 생각이 없어서 아주 가벼운 것으로 고르다 보니 아이스크림(바닐라)이 눈에 띄어 웨이터에게 물어 보았다. "이 아이스크림 순 자연산입니까?" "예, 저와 같이 순 자연산입니다." "그럼 초콜릿 아이스크림이겠네요." 그는 웃으면서 바닐라 아이스크림밖에 없다고 했다.

식사를 마치고 거리에 나왔다. 건물 몇 군데 위에다 눈 만드는 기계를 설치해서 비누 거품 비슷한 가짜 눈을 만들어 길이 하얗게 덮이도록 뿌렸고, 산타 패션으로 옷을 입은 댄서들이 거리를 행진하면서 춤을 추어 성탄 전야의 축제 분위기를 돋우고 있었다.

사실 이런 축제 분위기와 대조적으로, 지난 몇 년 동안 우리가 남쪽에서 휴가를 보낼 때 세계적으로 큰 사건이 몇 개 일어났다. 미국에서 부시가 아슬아슬하게 대통령에 당선되던 개표 상황을 휴양지에서 뉴스로 들었고, 쿠바에 갔을 때 6살짜리 곤잘레스가 어머니와 함께 미국으로 가려다가 엄마는 죽고 아이만 플로리다에 가서 본국 송환 문제로 국제적인 소란을 일으켰던 일, 이라크 대통령이 체포되던 일 등. 올해는 무사히 지나가면 좋겠다는 생각을 했다.

그런데 성탄절 다음날 인도네시아와 타일랜드를 비롯해서 동남아시아 여러 나라에 쓰나미가 일어나서 관광객을 포함한 수많은 인명과 재산 피해가 났다는 소식이 들렸다. 역시 올해도 세계적으로 큰 사건 없이 지날 수는 없는 모양이다. 그 다음날 바닷가에서 수영을 하려고 물이 가슴까지 오는 곳에 들어갔는데 갑자기 큰 파도가 밀려와 몸이 뒤집히더니 머리가 물밑 모래바닥에 닿았다. 물을 잔뜩 먹어서 두어 시간 동안 코에서 물이 계속 흘러나왔다. 함께 있던 관광객들도 같은 경험을 했다. 이것이 쓰나미의 작은 여파가 아닌가 했다. 후유증 없이 휴가를 마칠 수 있어서 다행이었다.

05
중국 여행기

1) 밴쿠버에서 북경까지

이십여 년 전 밴쿠버에 사는 믿음의 형제들이 중국 연길 지방에 사는 동포들을 위해 모금을 하여 치과 병원을 설립하였다. 미국과 일본에서 치과 의자며 여러 가지 의료 장비를 들여가고 북미에서 치과 의사와 치기공사들이 교대로 자원 봉사를 하며 기계 설치와 병원 운영을 위해서 몇 가정이 그곳에 상주하게 되었다.

그 치과 병원은 시설이나 기술면에서 중국 최고 수준의 병원으로 알려져서 그 지방 사람들뿐만 아니라 다른 지역 사람들도 멀리 북경에서까지 와서 치료를 받았다. 개업한 지 몇 년이 지나서 회계 감사가 필요하게 되었다. 이 부탁을 받고 1989년 7월에 중국에 다녀오기로 비행기 예약을 했다. 그런데 6월에 천안문 사건이 일어나서 내가 예약한 캐나다 항공사 C. P. Air는 북경까지의 모든 운항을 취소하고 중국 항공사만 운항을 했다. 캐나다 정부에서는 중국 여행을 자제하도록 경고하였고 부득이 여행을 할 때는 중국의 연락처와 여행 일정을 사전에 통보할 것을 권고하였다.

천안문 사태가 워낙 심각해서 주위에서 많은 사람들이 여행을 말렸다. 하지만 꼭 가야 했기에 예정보다 한 달 늦게 8월 하순으로 계획을 다시 짰다. 밴쿠버에서 북경까지 가서 국내선 비행기로 장춘까지 가고 거기서 연길까지는 기차로 가는데, 북경에서는 은퇴한 조선족 부부가 마중을 나오고 장춘에서는 연길병원 직원과 만나기로 되어 있었다. 중국으로 가는 사람들이 별로 없어서 밴쿠버 - 북경 항공료가 1,000달러에서 500달러로 내려갔고, 국제선은 왕복 예약이 되어도 국내선은 전산화가 되어 있지 않은 관계로 예약을 할 수 없어 북경에 가서 표를 사야 했다.

출발하기 전 밴쿠버에 있는 여권 사무실에 여행 일정을 제출했다. 과거에 연방정부에서 고위 관리로 일한 직장 상사에게 만일 내가 예정대로 돌아오지 못한다면 내 의지로 그러는 것이 아니라 중국의 국가 문제 때문일 테니 연방정부에 연락해서 도와달라고 부탁까지 하면서 신변 안전을 기하였다.

드디어 중국으로 떠나는 날이 되어 밴쿠버 공항의 중국 항공사 카운터에서 수속을 시작했다. 병원에서 기계에 필요한 기름과 치과 재료, 서적 등을 큰 더플백에 가득 담아서 짐 하나만 해도 들기가 힘들었고, 선물과 여행 중에 필요한 것들을 잔뜩 넣은 또 다른 여행 가방이 있었으니 혼자 감당하기에 벅찼다. 항공사 직원이 짐을 저울에 달라고 해서 더플백을 겨우 들어 올려놓았더니 무게가 얼마냐고 묻는다. 얼떨결에 "보통 무게 normal"라고 했더니 무게가 많이 초과되는 것을 알면서도 귀찮아 넘어간다는 식으로 받아주었다.

비행기는 보잉 747 점보기로 승객은 거의 다 중국인이었고 서양 사람은 볼 수가 없었다. 좌석의 안전벨트가 고장 나서 승무원에게 이야기했더니 들은 척도 않고 그냥 지나쳐 버렸다. 하는 수 없이 비행기가 움직이기 시작할 때 근처의 빈 자리로 옮겨 벨트를 맸다. 무거운 짐이나 승무원의 불친절뿐 아니라 지니고 가는 돈 때문에도 신경이 많이 쓰였다. 병원에서 필요한 미화 일만 달러와 여행비를 현금으로 허리에 차고 가자니 더운 여름 장거리 여행 동안 정말 거추장스러웠다.

비행기가 한국 상공을 지날 때부터 착륙 준비를 하느라고 입국과 세관 통과에 필요한 서류를 나누어 주었다. 모든 사람에게 중국어로 된 서류를 주기에 나는 영어 서류가 필요하다고 하니까 이번에도 무시해 버렸다. 상해에서 입국 수속을 하고 잠시 후 비행기가 북경을 향할 때는 이미 날이 어두워졌다. 드디어 목적지인 북경 상공에 이르러서 아래를 내려다보니 공항은 전깃불도 밝지 않고 어둠침침한 것이 어느 시골 비행장 같았다.

짐을 찾아서 세관 통관을 하려고 줄을 섰다. 다행히 영어로 된 신고서가 책상에 있어서 조심스럽게 작성했는데 비상사태에 처해 있는 나라에 들어갈 때 돈을 많이 가지고 가는 것이 계속 신경 쓰였다. 돈이 많다고 트집을 잡지나 않을는지, 마중 나온 사람들을 잘 만날 수 있을는지, 만일 못 만나면 말도 안 통하는 곳에서 밤중에 이 짐을 가지고 어디로 가야 하는지 불안했다.

세관 카운터 근처에 왔을 때 앞면 유리창 쪽에서 마중 나온 사람들이 웅성거리는 소리가 들렸다. 유리창 쪽을 자세히 보니 표지가 하나 붙어 있는데 한글로 '정원섭'이라고 씌어 있었다. 지금까지 장시간 여행을 해서 피곤하던 것이 싹 풀리고 새로운 힘이 생겼다. 세관도 무사히 통과해서 마중 나온 교포 부부와 반갑게 만나고 예약해 놓은 호텔에 가서 짐을 풀었다. 더플백에 넣은 기름이 터져서 짐을 다시 정리하니 큰 짐이 세 개가 되었다.

중국에서의 첫 밤이 지나갔다. 아침에 식사를 하려고 엘리베이터를 타고 내려가는데 주위에 인기척이 없었다. 아래층 식당 문이 잠겨 있어서 카운터에 가서 물어보니 손님이 없어서 아침엔 문을 안 연다고 한다. 문밖에 나가서 주위를 돌아보니 식사할 만한 곳이 없어서 그대로 돌아왔다. 호텔 로비에는 개업식 때 찍은 사진이 보였는데 등소평 같은 고위 인사들이 온 것으로 보아 북경에서는 이름난 호텔임에 틀림없었다.

오전 일찍 교포 부부가 왔다. 장춘으로 가려고 짐을 가지고 공항으로 나갔다. 북경에 살아도 보통 사람들은 공항에 가 본 경험이 없어서 어디서 어떻게 비행기 표를 사야 하는지 몰라 이곳저곳을 찾아다니다가 공항 화장실 옆을 지나게 되었다. 미국 사람으로 보이는 백인 여자가 어떤 사람에게 화장실에 들어갔던 이야기를 하는데 "여자 화장실에 칸막이가 없다"고 하면서 매우 당황스러워했다. 이 사람 말대로 남자 화장실에도 큰 일 보는 데에 칸막이가 없으니 서양 사람들이 놀랄 만한 일이었다.

짐을 가지고 왔다 갔다 하기가 힘들어서 부인은 짐을 지키고 남편과 둘이서 국내 항공사 카운터를 찾아갔는데 줄이 여러 개 있고 사람들이 많아서 좀처럼 차례가 오질 않았다. 점심시간이 조금 지나서야 장춘까지 가는 비행기 시간과 표 사정을 알아볼 수 있었는데, 일주일 후에나 자리가 있다고 했다. 밴쿠버에서는 북경에 가면 국내선은 예약 없이도 쉽게 자리를 구할 수 있으리라고 했는데 이곳 사정은 완전히 달랐다. 인구가 많아서 그런지 여행자 수에 비해 비행기 좌석이 많이 부족한 것 같다. 오늘부터 장춘 공항에는 병원 직원이 기다리고 있을 텐데 일주일 후에 도착한다면 그 직원이 없어서 말도 통하지 않을 테고, 이 짐들을 가지고 연길까지 가는 것도 막연하고, 또한 밴쿠버로 돌아가는 일정에도 차질이 생길 수 있으므로 크게 곤란해진 것이다. 밴쿠버로 돌아가는 것을 알아보았더니 천안문 사태로 인해서 많은 사람들이 외국으로 빠져나가려고 해서 중국을 떠나는 국제선은 자리가 전혀 없다고 한다. 사태를 종합하면, 많은 돈을 가지고 북경에서 일주일간 머무는 것도 문제, 그 후에 장춘을 거쳐 연길로 가는 것도 문제, 연길에 간다고 해도 국제선 예약 날까지 북경에 다시 오는 것도 문제, 당장 밴쿠버로 돌아가는 것도 문제… 그야말로 오도가도 못하는 신세가 되고 말았다.

하는 수 없이 택시를 타고 이번에는 공항 가까운 곳에 있는 좀 싼 호텔에 투숙하였다. 저녁 시간이 거의 되어서야 아침 점심 겸 저녁식사를 하고 호텔에서 연길 병원에 전화를 걸어 비행기 사정을 이야기했다. 그곳에서도 장춘에 마중 나간 직원과 전화 연락이 안 되어서 며칠이나 기다릴 수 있을지 알 수 없다고 한다. 새벽이슬 내리듯이 피로가 스며들었다. 이런 때에는 가지고 있는 많은 돈도, 과거에 여행사 일을 했던 경험도, 영어를 안다는 것도 아무런 도움이 되지 못했다. 나도 모르게 "나는 할 수 없으니 주님께서 맡아 주십시오."I cannot do it. You do it.라고 모든 것을 맡기는 기도가 나왔다. 나는 얼마나 약하고 얼마나 믿음이 없는 사람인가! 절망 가운데 잠에 빠졌다. 그러나 갑자기 쾅쾅 문 두들기는 소리에 잠이 깼다. 밤 11시였다. 호텔 직원이 연길에 장거리 통화를 한 전화 요금을 달라는 것이다. 지난 이틀 동안 체험한 중국의 무질서한 제도와 서비스업에 종사하는 사람들의 무성의와 불친절한 태도가 피로를 더하게 했다.

2) 북경에서 연길까지

아침에 일어나니 어제 부슬부슬 내리던 비는 그치고 맑게 갠 날씨가 기분을 상쾌하게 했다. 지금까지의 일들을 생각하면 아직까지 연길로 가는 방법이 없다는 것 외에는 크게 잘못된 것은 없었다. 무사히 북경에 도착했고, 세관도 아무 문제없이 통과했고, 이곳 교포 부부도 만날 수 있었으며, 건강하게 지낼 수 있으니 감사할 뿐이었다. 내 힘으로 하려던 모든 것을 하나님께 맡기고 나니 마음이 한결 가벼워졌다. 지난밤의 절망에서 헤어나 주님의 인도하심을 소망했다.

약속한 시간에 교포 부인이 혼자 호텔에 와서 자기 남편은 전날 공항에서 도와주느라 피곤해서 함께 오지 못했다고 했다. 일주일이나 기다려야 하니 시내에 가서 기차 편을 알아보고, 여행사 한 곳이 있으니 그곳에 가서 속히 떠날 수 있는 다른 방법이 있는가도 알아보자고 하고 시내로 나갔다. 먼저 여행사에 갔더니 아침 이른 시간이 되어서 그런지 손님이 없고 조용하였다. 장춘 가는 비행기 예약을 하러 왔다고 하니 이틀 후에 자리가 있다고 해서 얼른 표를 샀다. 이렇게 쉽게 해결할 수 있는 것을 하루 종일 공항에서 고생하다니….

뜻밖에 이틀 여유가 생겨서 관광을 하기로 했다. 시내에는 곳곳에 군인들이 두 명씩 총을 들고 서 있고, 천안문에는 통행이 금지되어 있을뿐더러 주위에서도 삼엄한 경비를 하고 있었다. 변두리로 나가는 것이 자유로울 것 같아서 택시를 대절해서 만리장성으로 갔다. 외국인 관광객은 없고 구경 나온 사람들은 거의 다 중국인으로 가까운 지방에서 온 사람들이 많았다.

날씨가 좋아서 구경을 잘 하고 내려오니 점심시간이었다. 그곳에 식당이 몇 군데 있어서 어디가 좋은가 하고 기웃거렸더니 모두 어둠침침하고 불결해 보였다. 그 중 한 식당 안에 서양 사람들이 앉아 있어서 깨끗한가 하고 들어갔더니 역시 불결하기는 마찬가지였다. 서양인들의 말의 억양을 보아서는 중국에 사는 동구라파 사람들 같았다. 음식을 주문하고 얼마 후에 음식을 접시에 담아 내왔다. 접시며 컵, 수저 등이 눈에 보이게 더러워서 가지고 간 수저를 꺼내서 접시에 닿지 않은 부분만 덜어 먹고 나왔다. 음식의 맛이 덜하더라도 위생적이기만 하면 얼마나 좋을까! 맥도날드 같은 식당이 있었으면 하는 마음이 간절했다.

이어 여름 별장, 지하 왕궁을 구경했다. 그 다음날에 시내 몇 군데를 관광하다가 점심을 먹으려고 중국에서 처음으로 생긴 KFC에 갔는데 밖에까지 줄을 길게 서 있었다. 이곳에 줄 서 있는 사람들은 대부분 경제적으로 여유 있는 젊은 층으로, 여기서 식사 한번 하는 것이 화젯거리가 되는 정도라 한다. 약 20분 후에 들어가서 메뉴판을 보니 종류와 가격이 캐나다와 비슷한 수준이었다. 닭튀김과 커피를 시켰는데 교포 부인은 조금만 먹고는 별로 배고프지 않다고 하고 나머지는 싸가지고 나왔다. 나중에 생각해보니 남편에게 주려고 일부러 남겨 온 것 같았다. 역시 가난한 시절을 지낸 나라의 내가, 이런 것을 미리 알아서 남편 것도 사주었더라면 얼마나 좋았을까 하는 생각이 들었다. 저녁때는 그 가정에 초대를 받아서 좋은 시간을 가졌다. 그리고는 남편이 자기 오토바이로 데려다 주겠노라고 해서 생전 처음 오토바이 헬멧을 쓰고 오토바이 뒤에 앉아 어두운 북경 거리를 누비며 호텔로 돌아왔다.

다음날 드디어 장춘 가는 비행기에 올랐다. 중국에 도착한 지 나흘이나 지났는데 아직까지 장춘에 마중 나온 사람이 기다려 주고 있을지, 만일 가버렸으면 이 짐을 가지고 어떻게 연길까지 갈 수 있을지 매우 걱정스러웠다. 그래도 장춘까지 가는 것 하나라도 해결되었으니 다행이었다. 다음 일은 다음에 해결하도록 하고 장춘공항에 내리니 다행히도 연길 병원에서 마중 나온 직원이 반가이 맞아주었다. 이 사람은 지난 며칠 동안 비행기가 올 때마다 공항에 나왔었고 이번에도 못 만나면 그냥 연길로 돌아가려던 참이었다고 했다.

호텔에서는 외국인과 내국인이 다른 층에 눅게 하고 요금도 외국인한테는 3배 정도 더 받았다. 장백산 호텔에 체크인을 할 때 다음날 새벽에 일찍 떠나야 하므로 지금 객실 요금을 계산하겠다고 하니 체크아웃할 때 내야 된다고 하면서 말을 들어주지 않아 한참 옥신각신하다가 겨우 방값을 받게 할 수가 있었다. 예상했던 대로 그 새벽 시간에는 카운터에 아무도 없었다. 그냥 나오면 형사범이 될 것이었고 기다리면 기차를 탈 수 없었으니 하루 더 지체할 뻔한 일이었다. 마중 나온 사람은 여행 경험이 없었으니 이런 생각을 할 리 없었다. 과거에 관광업에 종사했던 나의 경험 덕분에 이 어려울 뻔했던 때를 무사히 넘겼다.

호텔에 짐을 풀고 다음날 연길행 기차표를 사기 위해 장춘역으로 갔다. 역 안에 있는 표 창구 여러 곳에 한문으로 안내문이 적혀 있었다. 대충 읽어보니 왼편 첫 창구는 전국 대의원, 대만 동포를 포함해서 몇몇 높은 지위에 있는 사람이 표를 살 수 있고, 두 번째 창구는 기자, 군인, 지방 관리, 나머지 창구는 일반 시민으로 분류되어 있었다. 놀라지 않을 수 없었다. 사회주의 국가는 평등하다고 들었는데 이와 같이 제도적으로 차별하는 것은 뜻밖의 일이었다.

현재 길림성의 수도인 장춘은 2차대전 때 일본이 중국을 침략하면서 만주국을 세우며 신경이라는 이름으로 만주국의 수도로 만든 곳이다. 그래서 도로가 잘 되어 있고 남호라는 호수까지 만들어 유원지 모양을 갖추었다. 호텔 바로 앞에 공원이 있고 남호가 연결되어 있어서 저녁때 호숫가를 거닐고 호텔 앞 공원으로 돌아왔다. 대학생 같은 젊은 남녀 수십 명이 서서 이야기하고 있어서 가까이 가

보았더니 영어로 이야기를 나누고 있었다. 저녁때 호텔 손님 중 영어를 하는 사람들이 산책하는 것을 기다려 외국인들과 영어 회화를 하려고 모여드는 것이란다. 공원에서 젊은이들이 손을 잡거나 어깨에 손을 얹고 걷는 모습도 보였다.

 장춘에서 하룻밤을 자고 새벽 4시 40분 기차를 타기 위해 3시 30분에 호텔을 나와 택시로 정거장에 갔는데 어두운 거리에 노동자들이 많이 모여 있는 것이 눈에 띄었다. 하루 일감을 얻기 위해서 이른 새벽에 나와 기다리는 것이다. 정거장 안과 밖에는 많은 사람들이 바닥에 쭈그려 자고 있었고, 기차를 기다리는 수백 명의 승객이 있는 어두침침한 대합실에 들어섰을 때는 섬뜩한 생각이 들 정도로 측은해 보였다.

 기차가 들어오니 일등 손님부터 들여보내는데 일등칸은 기관차 바로 뒤에 있고 그 뒤에 식당차, 그리고는 일반 차량의 순서로 연결되어 있다. 대합실에서 일등칸까지 거리가 멀어서 짐을 들고 뛰어가는데 잠시 후 일반 승객들이 들어오기 시작하더니 마치 막힌 물꼬가 터진 듯이 모두 뛰어가서 순식간에 아수라장이 되어버렸다. 일등칸은 문을 닫아놓았고 일반 칸과 식당차를 통해서 들어가게 만들어서 무겁고 부피가 큰 짐을 들고 타기에는 너무나 힘들었다. 밴쿠버에서 혼자 들고 온 짐을 마중 나온 젊은이와 둘이 나누어 들었는데도 기차를 겨우 탈 수 있었다.

일등칸은 기차표 살 때 왼편 첫 창구에서 표를 산 사람들만 탈 수 있는 곳으로, 영어로 소프트 베드 soft bed라고 하는 침대차 한 칸에 네 명이 타게 되어 있어서 우리 일행은 중국인 상류계급 남자 두 명과 함께 가게 되었다.

장춘에서 연길까지 거리는 서울 – 부산 거리 정도 되는 것 같은데 기차가 석탄을 때는 구식 기차여서 석탄 냄새가 들어올까 봐 더운데도 창문을 열지 못했다. 더욱이 굴을 통과할 때는 차안 공기가 매우 좋지 않았다. 그리고 언덕을 올라갈 때 힘이 부족해서 '칙 – 칙 – ' 하고 속도를 내지 못할 때는 뒤로 갔다가 평지에서 다시 속도를 내어 올라갔다. 어떤 때는 이런 것을 두세 번씩 반복하는 것이 6 · 25사변 때 피난 가던 열차를 연상케 했다.

새벽에 호텔에서 나왔을 때 아침식사를 못 해서 배가 고팠다. 앞에 앉은 중국 사람이 자기가 가져온 닭발, 돼지족발을 권했지만 보기에도 메스꺼워 사양하고 점심때까지 기다리기로 했다. 12시 반쯤 되어 점심을 먹으려고 식당차에 갔더니 먼저 식사한 승객들의 접시가 그대로 있고 흰 기름이 여기저기 보였다. 주방 문이 열려 있기에 들여다보았더니 큰 물통 안의 시커먼 물에다 접시를 넣었다 뺐다 하고 있었다. 여기서 먹고 탈이 나는 것보다 굶는 것이 낫겠다는 생각이 들어 동행에게 나는 속이 좋지 않으니 혼자 식사하라고 했다. 동행도 안 먹겠다고 해서 아침과 점심을 또 한 번 걸렀다.

　날이 어두워진 후 10시간 만에 연길역에 도착했다. 직원이 창밖을 내다보더니 "정선생, 이제 염려 없습니다. 부시장이 마중 나왔습니다."라고 했다. 그 순간 짐으로부터 자유로워졌고 부시장의 안내로 VIP 출구로 나와 기다리고 있던 승용차에 몸을 실었다. 여행의 새 장이 시작되었다.

3) 연길에서 밴쿠버까지

병원 바로 옆에 있는 숙소에서 오래간만에 편안히 잠을 잤다. 밴쿠버를 떠나 우여곡절 끝에 6일 만에 연길에 도착했고 이곳에서는 뜻밖에 캐나다 정부에서의 필자의 직위를 고려해서 합당한 예우를 해주었다. 그리고 천안문 사태 이후 연길시를 방문한 최초의 외국인이라고 신문에 기사를 싣는 등 특별한 관심의 대상이 되었다.

첫날 연길시 직원이 찾아와서 정선생이 많이 피곤해 보이니 먼저 병원에 가서 진찰을 받고 약을 짓자고 하면서 연길 병원으로 데리고 갔다. 원래 몸이 마른 편인데 여행하면서 식사를 거르고 신경을 많이 썼더니 아픈 사람처럼 보였나 보다. 그곳 병원에는 양의와 한의가 함께 일하고 있었다. 한의원장이 직접 진맥을 하더니 인삼이나 녹용은 체질에 잘 맞지 않는다면서 부피가 큰 한약을 여러 첩 지어 주었다. 그곳에 있는 동안에 먹고 남은 것은 밴쿠버로 가지고 왔다. 원장은 나에게 정선생은 건강하니 몸무게만 유지하면 80세까지는 거뜬히 살 수 있다고 했다.

이번 여행의 공식적인 목적은 회계 감사이지만 더 중요한 목적은 여기서 일하는 동역자들이 일을 잘 할 수 있도록 지원하는 일이다. 둘째 날부터 오전에 두 시간씩 며칠 동안 감사를 했다. 중국 회계 제도도 근본적으로 서양 제도를 모방한 것이어서 감사하는 데

별 문제가 없었다. 오히려 이 사람들은 내가 어떻게 처음 보는 여러 장부들을 쉽게 이해하고 잘못된 것을 골라내는지 놀랐다.

중국 연변회계사사무소 앞에서 직원들과 함께

연길에 있는 동안 그곳의 '주책회계사' 협회를 방문해 여러 가지 이야기를 나누었다. 중국에서는 공인회계사를 주책회계사라고 한다. 지방에까지는 회계와 감사 업무가 선진 국가처럼 체계화되어 있지 않았다.

공식 행사의 하나로 부시장이 저녁 초대를 해서 연길 시청의 관계자들과 병원 측 대표들이 간담회 형식으로 식사를 하면서 사업에 관한 이야기를 나누었다. 이와 같은 모임에 빠질 수 없는 것은 술이다. 축배를 위해서 잔에다 배갈고량주을 따라 주길래 술을 잘 못한다고 했더니 옆에 앉아 있던 외사 과장이 얼른 머루주를 드시겠느냐면서 몇 병을 가져왔다. 맛을 보니 달콤하고 향기로운 것이 마실 만해서 인사말로 캐나다로 돌아갈 때 머루주를 좀 사가지고 가야겠다고 했더니, "이 머루주는 몇 년 전 등소평 주석이 이 지방을 다녀가실 때 드신 술로 상점에서는 팔지 않는 귀한 술입니다."라고 했다. 분위기를 띄우기 위해 가볍게 한 이야기가 의외로 흥미롭게 진전되어 "시장님이 그것도 못하십니까?"라고 농담으로 받아 넘겼다.

연길 시청 관계자들과 병원 측 대표들과 함께 한 저녁식사. 향기로운 머루주가 맛있었다.

먼 곳까지 왔으니 백두산 구경을 하라고 시에서 도요타 SUV 같은 차량 1대와 안내를 할 외국인 담당 과장과 여직원, 운전기사를 붙여 주어 4명이 같이 백두산으로 갔다. 연길에서 백두산까지 길이 좋지 않아 여러 시간이 걸리므로 1박을 하기로 계획을 잡았다. 오전에 떠나서 시골 경치를 즐기며 가는 도중 최희준 씨의 노래를 비롯해서 60년대의 흘러간 한국 유행가를 틀어주었다. 캐나다에서 듣지 못했던 우리나라의 옛 노래를 들으며 모처럼 옛날로 돌아갈 수 있었다.

얼마 가니까 점심시간이 되어 작은 식당 한 곳에 들렀다. 맑은 국밥에 고기 몇 점을 얹어 주어서 이게 무슨 고기냐고 물었더니 개고기란다. 별로 개고기를 먹고 싶지 않아 고기는 빼고 달라 했더니 대신 달걀을 하나 얹어 주어서 먹었다. 식사를 하고 화장실을 물으니 내 얼굴을 쳐다보며 실실 웃는다. 다 알면서 뭘 묻느냐는 표정이다. 연길을 포함해서 그 지역에는 개인 집에 변소가 없고 동네마다 큰 공중변소가 있는데 주위의 수십 가정이 공동으로 사용하도록 되어 있어 식당에서 가까운 곳에는 없었던 모양이다. 중국을 여행하면서 알게 된 점 하나는 중국 사람들은 여행 중에 화장실을 거의 찾지 않아도 될 만큼 훈련이 되어 있다는 것이다.

오후 두 시 반쯤 되어서 목적지에 도착하여 여관에 짐을 풀고, 네 시쯤 남자 셋이서 장백산 폭포 옆의 등산길을 올라 백두산 천지에 도착했다. 마침 구름이 걷혀서 천지를 둘러싼 백두산 봉우리를 잘 볼 수 있어 다행이었다. 그 큰 천지에서 이북 쪽은 몰라도 중국 쪽에는 우리 세 사람밖에 없었다. 깨끗한 물이라고 해서 손으로 물을 떠서 마시고 내려가는 물에 발을 담그니 하루의 피로가 풀리는 듯했다. 혼자서 동행들과 좀 떨어진 곳으로 가서 가지고 간 작은 십자가를 손에 들고 "하나님, 오랫동안 남북으로 갈라져 있는 조국이 평화롭게 통일되게 하옵시고, 우리 민족이 예수를 믿고 구원받는 민족 되게 하옵소서."라고 기도하고, 그 십자가를 천지에 넣었다. 이 십자가는 처음 한국을 떠나기 전 미국 할머니가 준 플라스틱 십자가로 20년 동안 간직하고 있던 귀한 물건이었다.

한 자동차로 이틀 동안 여행을 하다 보니 이야기할 시간이 많아 친해졌다. 운전기사는 운전에 집중해서 별로 이야기에 동참하지 않았고 주로 과장이 안내를 하고 나를 편하게 하기 위해 여러 가지로 배려하는 것을 느낄 수 있었다. 때에 따라 다른 음악을 틀어 주고, 중국의 정치, 역사, 사회에 관한 여러 가지 이야기를 들려주며, 이남은 '남한'이라고 부르고 이북은 '북조선'이라고 하여 정치적으로 중립적인 위치에서 손님이 조금이라도 거북할 이야기는 하지 않았다. 물론 나는 중국 여행 시작부터 정치 이야기나 중국의 좋지 않은 점은 이야기하지 않기로 다짐을 하고 갔기 때문에 캐나다나 미국에서 생활하면서 보고 느낀 것을 중심으로 대화를 나누었다.

여직원은 정장에 가까운 차림이었다. 하이힐까지 신은 것을 보아서 미리 계획한 관광이 아니라 아침에 출근했다가 갑자기 나오기로 결정된 것 같았다. 저녁때 식당에 도착해서 서양식으로 문을 열어주고 먼저 들어가라 했더니 계속 먼저 들어가기를 사양했다. 결국 내 등을 떠밀어 먼저 들어가게 하고 뒤에 따라 들어왔다. 자기 임무에 매우 철저한 사람이었다.

연길에 있는 동안 한 군데 더 가보고 싶었던 곳이 있어서 병원 직원과 같이 동쪽에 있는 도문이란 곳으로 향하였다. 이곳은 두만강을 사이에 두고 이북과 중국이 다리로 연결되어 강 건너편 이북이 보이는 곳이다. 보통 때는 관광객이 다리까지 갈 수 있는데 중국이 비상 사태여서 근처를 다 막아놓고 금지 구역으로 해 놓았다. 지나가는 중국군 병사가 있어서 같이 간 병원 직원이 말을 걸었다. "이번에 연길 캐나다 치과 병원에서 캐나다 손님을 모시고 왔는데 관광할 수 있도록 편리를 보아 주십시오."라고 부탁했더니 잠깐 기다리라고 하고 안으로 들어갔다. 잠시 후 이 지역 국경 경비 지휘관이 나오더니 반갑게 맞아주며 병사 한 명을 안내로 붙여 주었다. 그리고 아까 우리가 처음으로 만난 병사가 이가 아픈데 좀 도와 줄 수 있느냐고 물었다. 물론 해줄 수 있다고 했다.

삼엄한 경비 구역을 통과해서 이북으로 가는 다리 위 중간에 이르니 희미한 선이 있는데 이곳이 '중조 국경'이라고 한다. 그러면서 저 편에 발을 디디면 북조선에 갔다 오는 것이라고 설명했다. 관광이 끝나고 나오니까 경비 지휘관이 점심 식사를 대접하겠다고 어느 건물 안으로 안내했다. 식탁에는 푸짐한 요리를 차려 놓았고 양담배까지 권하였다. 뜻밖에 융숭한 대접을 받고 즐거운 대화의 시간을 가졌다. 경비 지휘관이 우리 일행을 극진히 대접한 것은 우리 치과 병원이 그만큼 뛰어난 기술로 이 지역에서 봉사한다는 소문 때문이었다. 연길에서 캐나다 치과 병원 하면 주소 없이도 찾을 수 있었다.

장춘에서 연길까지 올 때 기차 여행이 너무 힘들어서 돌아올 때는 연길에서 북경까지 직접 가는 비행기를 이용했다. 북경 - 장춘 노선을 다니는 비행기는 근래 미국에서 만든 비행기이지만 연길 - 북경 노선은 낡은 구소련제 비행기가 다녔다. 그래서 일부 사람들은 불안해 이용을 꺼린다고 들었다. 비행기 예약을 하려고 여권을 병원 직원에게 주었는데 그 다음날 비행기 예약 후 여권을 잃어버렸다고 연락이 왔다. 비상 계엄령하에 있는 중국에서 여권 없이 여행한다는 것은 참으로 어려운 일이다. 다행히 이미 여행 목적을 달성했고 돌아가는 길이 힘들더라도 연길에서는 시에서 도와줄 테니 북경까지는 갈 수 있을 것이었고 북경에는 캐나다 대사관이 있으니 도움을 받을 수 있을 것이었다. 무엇보다도 지금까지 어려운 일을 해결해 주신 하나님이 인도해 주실 것을 믿었다. 하루가 지난 다음날 여권을 찾았다는 소식이 왔다. 그 직원이 술에 취해서 저고리에 넣은 것을 잃어버릴까 봐 부인이 잘 보관해 두었던 것이다.

연길에서의 여정을 마치고 북경으로 돌아가기 위해 공항에서 수속을 마치고 대합실에서 기다렸다. 그런데 "정원섭 씨, 그 자리에 짐을 놓고 대합실 밖으로 나오십시오."라는 방송이 나와서 또 한 번 섬뜩했다. 군인들의 검열을 통과하고 연길에서 모든 일을 마쳤는데 누가 나오라고 할까? 도저히 감이 잡히지 않았다. 방송 지시대로 대합실 밖으로 나오니 부시장이 보낸 사람이 머루주를 여러 병 가지고 기다리고 있었다.

들던 대로 비행기는 구소련제 구식 프로펠러 비행기로, 이륙하고는 큰 바퀴가 접혀 올라와서 덜컥 하는 소리와 함께 뚜껑이 닫히는 소리가 났다. 얼마 가더니 '치 - 익' 하면서 객실 윗부분에서 흰 증기가 나오기 시작했다. 시간이 갈수록 점점 더 심하게 나오는 것이 무엇인가 잘못된 것 같아서 모두 숨을 죽이고 지켜보았다. 다행히 얼마 후 증기가 멎고 무사히 북경에 도착했다.

중국 공안과 함께 한 자리

밴쿠버에 돌아왔다. 연길 회계사협회로부터 캐나다 회계 업무와 세법에 관한 자료를 보내달라는 부탁을 받고 영문으로 된 책 몇 권을 보냈으나 그것만으로는 그들에게 별 도움이 되지 않을 것 같아서, 한국 공인회계사협회 회장에게 연락하여 연결시켜 주었다. 그 결과 1991년 7월 한국 공인회계사협회 김두황 회장과 아세아태평양지역회계연맹 서태식 의장이 인솔한 한국 시찰단 일행이 연변과 북경에 가서 중국 주책회계사협회 회장과 회의를 하여 한국과 중국 회계사협회가 관계를 맺게 되었다.

제8부
기자의 창

「창간 특집」 밴쿠버 이민사를 기록하다
회계사로 40년 일해 온 정원섭 회계사

"4년 공부해서 이 정도면 괜찮지요?"

굽이굽이 가파르고 어려운 길도 지나오면 힘들었던 기억이 희석되는 듯하다. 고생의 교훈을 잊은 것이 아니라 이미 많은 난관의 해법을 알고 있기에 젊어서 한 고생, 혹은 이민 초기에 부딪친 벽도 높게만 보이지 않고 시각 차이로 보인다.

40년간 회계사로 일한 정원섭 회계사를 만나 이민사를 취재하면서 기자는 고진감래를 떠올렸지만 정회계사의 눈은 과거에 머물지 않고 후학이라는 미래로 향했다.

회계사로 활동한 지 오래되셨지요?
"1973년에 회계사^{CA}가 됐으니까요. 공부는 1970년부터 했어요. KPMG라고 아세요? 그 회사에 취직해서 도제^{articling}를 하고 회계사가 됐지요. 1973년에 4일 동안 매일 4시간씩 시험을 봤어요.

그 전에 주정부 시험을 보고, 도제하고 CA가 되는 식이었는데 지금과는 다르죠. 아마 그 때 제가 꼴찌로 합격했겠지요.웃음"

원래 회계사를 지망했습니까?
"얘기가 좀 긴데요, 원래는 내가 정치학을 공부했어요. 정치학 학사성균관대를 마치고, 그 다음에 국제관광공사에 제 1회 신입사원 시험 봐서 들어갈 때에 들어갔거든요.

그때 외국사람 안내하는 일을 했어요. 그때 한국을 찾은 외국 관광객은 별로 없었어요. 미국 부자들 조금 있었고 일본인 관광객은 시작 전이었지요.

제 2회 교통부 관광안내 통역 자격증을 따고… 관광분야 공부를 더 해보자 해서 1966년 스물다섯 살에 미국 뉴욕으로 가서 호텔 관련 공부를 하고, 현지 일류호텔 프런트데스크에서 일했어요. 그러다가 공부를 더 해야겠다 싶어서 뉴햄프셔에 가서 정치학 석사 과정을 2년 만에 마쳤어요. 정치학 했다가 관광으로, 다시 정치학으로 바꿨던 거죠. 정치학을 해서 외교관을 하려고 했는데 공부를 끝내도 외교관이 되기는 어려울 것 같고… 모든 것이 불안한 70년대가 되면서 다시 회계사로 진로를 바꿨어요."

불안한 70년대 기억은 어떻습니까?

"69년까지는 제가 총각이었는데 좋아하는 사람이 밴쿠버에서 간호사로 일하며 살고 있었어요. 지금 집사람 김진양 씨입니다. 박사학위를 따자 해서 학교 두 군데를 알아보았는데 UBC 브리티시 컬럼비아 주립대학에서 전액 장학금을 준다는 거예요.

1969년에 밴쿠버로 와서 결혼하고 학교에 다녔습니다. UBC에서 박사과정Ph.D을 시작했는데 막상 그것을 끝낸다고 해도 길이 안 보이는 거예요. 외국인이니까 캐나다에 외교관 자리가 있을 것 같지도 않고, 교수 자리도 없을 것 같고, 결국 캐나다 친구가 회계사를 하면 적성에 맞을 거라 그러기에 회계사로 방향을 바꿨어요."

그러면 밴쿠버 한인사회 최초의 수입 신랑입니까?

"아니 뭐, 그게 중요한 것은 아닌 것 같고… 아닐 거예요, 아마웃음. 고물 자동차 사 가지고 보스턴에서부터 운전해 와서 여기서 결혼하고 같이 벌어서 생활하기 시작했지요. 집사람은 십년지기였어요. 한국에서부터 정동교회에서 알던 사람입니다. 나는 장학금 받고 아내는 풀타임으로 일하니까 경제적으로 큰 고생은 안 했어요. 두 사람이 벌어서 검소하게 사는데 뭐 돈이 많이 들어요? 나는 KPMG에 취직했고…, 뭐 그렇게 평범하게 살았죠."

한국을 떠난 후 공부를 오래 한 셈인데 학비는 어떻게 마련했습니까?

"처음 유학 올 때는 60달러 가지고 왔어요. 요즈음 가치로 하면 600달러쯤. 그게 제 어머님께서 서울 시청에서 의약과에 근무하셨다가 받으신 퇴직금이었어요. 그 돈이 비행기 편도 비용밖에 안 됐어요. 처음에 LA에서 내려서 버스로 뉴욕까지 갔어요.

먹고 사는 것이 막막하긴 했는데… 일을 했어요. 뉴욕에 있는 책 공장에서 종이에 손을 베어 가며 일했는데 근로 허가 없이 일을 해서 한 달 만에 그만두었고, 그 다음에는 호텔학과 다니면서 호텔에서 일을 해 벌었습니다. 고급 호텔에서 일해서 그 후부터 경제적으로 어렵지는 않았습니다.

회계사 공부를 할 때는 집사람 공이 컸어요. 결혼하고 2년 후에 첫 아들이 태어났는데 그 때가 회계사 공부로 제일 바쁠 때였어요. 첫 아이를 낳은 후에도 아내는 간호사로 일하며 아이를 돌보았습니다. 보수적인 한국 집안의 아내는 제가 무엇을 하는 데 도움을 많이 주었어요."

계속 KPMG에만 계셨습니까?

"KPMG에서 수퍼바이저까지 되었다가 브리티시 컬럼비아 주정부 소비자 및 법인Consumer & Corporation 부서에서 일하게 됐어요.

거기서 2년간 근무하다 디렉터로 승진했지요.

거기서 공을 좀 세웠습니다. 감사원장이 나를 모범 케이스로 의회에 보고를 했지요. 주정부가 하지 않았던 일들을 찾아서 했습니다. 여러 공사나 공사거래 회사를 대상으로 감사도 하고, 고급 공무원 교육 자료를 만들어 교육하면서 13년간 있었어요.

90년에 그 직장을 그만두고 나와서 이곳 킹스웨이에 회계사무소를 시작하고 20년이 되었습니다."

공부를 오래 한 보람이 있었겠습니다.
"머리가 좋지 않아서 공부를 오래 한 것이지요웃음. 일이라는 게 무엇이든지 성실하면 되는 것이죠. 저는 머리가 좋지 않기 때문에…. 다른 건 몰라도 성실히 하거든요. 그리고 공부는, 회계사 타이틀을 위해 4년을 한 셈인데 그렇게 4년 하고 40년을 일했어요. 이만하면 참 괜찮은 투자 아니겠어요?"

캐나다 커뮤니티에서 적응은 쉬웠습니까? 나이 들어 와서 영어 때문에 어려움을 겪는 분도 많은데요.
"어학이라는 게… 동양 사람이 많이 떨어질 수밖에 없어요. 말이라는 것이 어학적인 부분뿐만 아니라 문화적인 이해도 따라야 되요. 솔직히 말하면 문화 이해는 지금도 제게 도전이에요. 직장 일할 때 비서가 둘 있었는데 그때도 제가 제일 힘들었던 것이 100명 모아놓고 강연을 한 것이었어요. 그 문장 만드는 것이 힘들었어요.

그래서 농담 같은 것 2-3개 구상해서 비서 대상으로 시험해 보고 어느 것이 좋으냐고 물어서 이용하곤 했지요. 또 중요한 것은… 막상 말을 시작할 때 꾸물꾸물하면 안돼요. 한국인에게 기氣라는 게 있잖아요. 실패를 걱정하느라 자신감을 갖지 못하고 확실한 태도로 말하지 못하면 정말 우려했던 일실패이 그대로 일어나죠. 자신감self-esteem이 중요한 것 같아요.

그리고 어학적으로 떨어져도 간판학력이 그걸 보충할 수 있기 때문에 동양 사람에겐 그것도 중요합니다."

자신감을 얻은 경험이 있으십니까?
"무엇이든지 노력하면 이루어져요. 나 저거 못한다 해도 실제로 노력하면 이루어지는 것이 참 많아요. 너무 자랑이 될까 봐 경계하고 싶지만… 이것만 하죠.

1977년, KPMG에서 승진한 후에 밴쿠버 상공회의소에서 실시하는 10개월짜리 강연을 듣게 했어요. 처음 가니까 선생이, '여기는 영어 배우는 데 아니요.' 라고 해요. 동양 사람이 나를 포함해서 셋이 있었는데 우리 보고 한 얘기지요.

그 과정 마지막에 강좌를 들은 모든 사람이 부부동반으로 참석한 자리에서 각자 연설하는 순서가 있었어요. 거기서 10개월 동안에 가장 개선된 사람, 가장 열심히 한 사람, 그리고 그 자리에서 가장 연설을 잘 한 사람Best Speech, 세 가지를 3등까지 뽑는 거예요. 망신 당하면 어쩌나 해서 처음에는 그 자리에 처를 데려가지 않으려고 했어요. 핑계를 궁리하다가 결국은 부부동반으로 갔어요. 다들 정장하고 부부동반으로, 부인 없으면 여자친구라도 데려와 앉아 있는데 나가서 연설을 해보니 실수는 안 한 것 같아요.

마지막에 시상을 하는데 가장 개선된 사람 3등에 있더라고요. 그거야 뭐, 못하던 사람이 입만 벌려도 개선된 거니까 대단치 않다고 생각했는데 마지막에 참석자 전체 투표로 뽑는 Best Speaker로 선생이 제 이름을 부르는 거예요. 그 상이 제 인생을 좌우한 사건입니다. 제 처는 그 다음부터 연설대회에서 일등한 사람이라고 신뢰를 해요. 게다가 이게 기록으로 남으니까 취업에도 도움이 됩디다. 사실 기적이었어요.

집에서 하면 창피해서 출퇴근하는 차안에서 연설 연습을 한 것이 그렇게 될 줄 몰랐습니다. 그 분위기라는 것도 있었는지 다음날 같은 연설을 혼자 해보려니 안 되더라고요. 경력이나 공부에, 간판에 질 것이 없게 된 것, 하나님께 감사드려요."

한인사회 활동도 많이 하셨습니다. 갈등도 많이 봤을 것 같습니다.
"1973년부터 한인회 감사를 했어요. 노인회, 한국어 학교, 교회 협의회 감사를 10여 년씩 했어요. 사실 싸움도 나고 시비도 있고 해서 아무도 맡지 않으려 하니까요. 처음에는 갈등이 없었어요. 30-40명 모일 때는 갈등다운 갈등이 생기질 않지요. 1970년대는 살기 바쁜데 싸울 힘이 어디 있어요? 어느 때부터 사람이 늘어나서 갈등이 생기기 시작하더라고요.

인구가 늘고… 여기가 명예욕을 채울 곳이 부족하잖아요, 그러다 보니…. 갈등이란 게 두 그룹으로 갈라져서 싸우고, 한 그룹이 이기면 이긴 그룹 구성원 중에 자기 공은 왜 몰라 주냐며 서운해 하는 사람이 생겨서 또 갈라지더라고요. 더 이상 얘기는…, 글쎄요! 간접적으로라도 누구에게 해가 되는 이야기는 하고 싶지 않네요."

그래도 지켜보면서, 이상적인 지도자 상을 생각해 보셨겠지요?
"제 경험으로 보자면, 받으려 하지 말고 주어야 해요. 한인사회의 지도자는 자기의 이익을 구하지 않으면 문제가 없어요. 교민들을 대상으로 무엇인가 팔려고 한다든지, 혹은 명예를 위해서 무엇을 하는 것이 이익을 구하는 것이지요. 그러면 문제가 생길 수밖에 없어요.

그 사람의 반대에 서야 이익을 얻을 수 있는 사람도 있거든요. 함께 일을 하면 어려움을 넘길 수 있어요. 이렇게 말하면 누가 한인회장 나가려고 이런 말 한다고 할까요? 그런 뜻은 아닙니다."

오래 일을 하면서 중요시해 온 가치관이 있습니까?
"저는 일을 맡긴 사람 중심으로 일해요. 머릿속으로 계속 일을 하는 거죠. 집으로 서류를 가져가진 않지만 머릿속에 일을 담아 갔다가 밤에 자면서 일을 많이 해결했어요. 시험공부 할 때부터 머릿속으로 무의식중에 문제가 풀리곤 했어요. 그 버릇이 계속 이어지는 것 같아요. 이게 건강상 좋은 버릇 같지는 않은데…. 교회에 다니는데 하나님께서 필요할 때에 지혜를 주세요. 어려운 케이스 있잖아요? 그런 것 서너 건은 제가 할 수 없었어요. 제 실력으로는 안되는데, 그런 게 풀리는 경우가 많아요."

회계사로서 남기고자 하는 유산이 있습니까?
"이제 다음 세대 회계사를 키워야지요. 회계사들이 실력을 길렀으면 좋겠어요. 특히 한인 중에 억울하게 당하는 사람이 없도록 회계사가 불행한 사태를 막을 수 있었으면 좋겠어요. 한인 사회에서 감사 나와서 자살하려던 사람, 중병에 걸린 사람들도 봤어요. 그런 일이 없어야지요. 회계사들이 실력이 있어야 됩니다."

살아오신 인생을 요약하면 '고진감래' 입니까?
"아니 뭐, 그렇게 고생을 많이 한 것도 아니에요. 남들 하는 정도만 했죠. 사실은 사람이 뭔가 된다고 할 때 교만해지는데, 그걸 경계하고 싶어요. 요즘은 하루하루를 감사해요."

조선일보 밴쿠버, 권민수 기자
2010. 12. 25.

연은순 기자가 만난 밴쿠버 사람들

"능력과 인격을 겸비한 캐나다 첫 한인 공인회계사"

어김없이 찾아오는 절기는 새삼스럽다. 입춘이 지나니 자연의 위력 앞에 새삼 옷깃을 여미지 않을 수 없다. 나무에 움 트는 소리가 들리고 솔솔 불어오는 바람결에도 봄 향기가 실려 있지 않은가. 겨우내 죽치던 무거운 의식의 넝쿨들을 단장하고 바야흐로 새 날을 기약할 때가 된 듯싶다. 지구가 돌아감을 새삼 느끼고 새로운 태양이 떠오름을 깨달음은 얼마나 신비하고 아름다운 일이랴!

봄비가 촉촉하게 내리는 어느 오후, 킹스웨이 동녘에 위치한 정원섭 회계사의 사무실을 찾았다. 화기가 충만한 곳, 사람 마음을 편안하게 감싸 주는 알 수 없는 기운, 기분 좋은 평화로움이 감도는 곳, 녹차 향 때문이었을까? 상큼한 숲 속의 향기가 풍겨 왔다.

대학에서 정치학 전공

캐나다 공인회계사 Chartered Accountant 1호로 알려진 정원섭 씨.

일찍이 성균관대학교에서 정치학을 공부한 뒤 국제관광공사에서 2년 동안 일을 하다가 1966년 미국 유학길에 올랐다. 처음엔 한국 직장에서의 경험을 살려 뉴욕에서 호텔 경영학을 공부했다. 이어서 국제정치학 석사 과정을 마치고 박사 과정을 밟으려고 캐나다 밴쿠버의 브리티시 컬럼비아 주립대학UBC으로 건너오게 된다. 일년 정도 공부를 하다가 한국인으로 정치학을 공부하는 데는 한계가 있다고 판단, 회계학 쪽으로 관심을 돌리게 된다.

"회계학은 우선 답이 있는 학문이니까 답이 없는 정치학보다 수월하겠다는 생각이 들었습니다. 호텔 경영학 분야는 서비스 업무가 주이며 사람을 대하는 일이고 보니 힘들 거라는 생각이 들었지요. 아무래도 외국에서 직장을 얻으려면 회계학이 좋을 것 같다는 생각이 들었습니다."

정치학 공부 7년, 호텔 분야 공부 1년, 또 다른 분야인 회계학으로 공부를 계속했지만 그간의 시간들이 결코 헛되지는 않았다고 믿는다. 아무래도 학문이란 상호 보완 작용을 하게 마련이며 다양한 학문을 섭렵한 이력이 뒷심으로 작용하게 마련일 테니까.

"회계란 자본주의 사회를 원활하게 이끌 수 있는 방편이 되는 분야의 학문이지요. 회계 업무는 크게 세 가지로 나뉠 수 있습니다. 첫째가 소득, 지출, 자산, 부채, 자본 등을 일목요연하게 알 수 있게 재무제표를 만드는 것이지요. 둘째가 감사의 업무로, 남이 만든 회계 보고서를 회계 원칙에 따라 검토하는 일이 그것입니다. 셋째가 세무 업무로 개인이나 회사의 세금 보고서 작성 및 조언을 해 주는 일이지요."

1970년 합동 공인 회계법인 KPMG 수습사원이 되어 회계학 쪽으로는 햇병아리와 다름없는 상태에서 일을 시작하게 된 정원섭 씨. 회계학을 몇 달밖에 공부하지 않은 상태에서 4년제 상과대학을 나온 캐나다인들과 겨루며 일을 시작하자니 어려움이 한두 가지가 아니었다. 언어의 장벽, 생소한 전문 용어들, 전혀 낯선 분야를 개척해 나가는 어려움, 참으로 땀나던 시절이었다. 성실함으로 대처해 나가는 수밖에 없었다. 불철주야 노력을 기울여 3년 걸려서 공인회계사^{CA} 자격증을 획득했다. 1973년의 일이었는데 한인 최초로 취득한 공인회계사 자격이었다. 어렵고 힘들지 않았냐는 질문에 '한국에서 경험한 군대 생활보다 훨씬 쉬웠다. 먹는 것, 잠자리 등 모든 여건이 그 시절보다 훨씬 나았다.'며 담담히 회고한다.

성실함은 어머님의 영향

정원섭 회계사와 마주하고 대화를 나누노라면 그의 맑은 심성과 진실한 성품이 고스란히 전해져 온다. 크지 않고 조용조용한 목소리, 그럼에도 결코 흐트러짐 없는 논리정연한 말의 전개 또한 인상적이다.

그의 잘 알려진 성실함은 어머님의 영향을 받은 것이다. 평양 출신인 어머님. 일찍이 남하하여 선교사 집에서 일을 하며 향학열을 불태우시던 대담하고 스케일이 크시던 분, 늘 '하면 된다'는 신조로 역경을 헤쳐 가며 인간승리를 이루어내신 분. 이승만, 박정희 시절을 거치며 시청 공무원 직, 간호학교 교장 직을 두루 거치셨다.

1978년부터 BC 주정부에서 감사 업무를 시작하고 감사국장으로 13년간 근무하면서 그가 얻은 경험은 폭넓고도 생생한 것이다. 당시만 해도 해당 부서에 동양인의 숫자가 100명에 하나둘 정도밖에 되지 않았다. 언어 문제, 문화 차이, 대인관계 등의 문제로 불리한 입장에 설 수밖에 없는 상태에서 핸디캡을 이길 수 있는 길은 남다른 노력이 전부였다. 늘 남보다 일찍 출근하여 부지런함을 보여주고 매사 정확한 사람, 믿을 수 있는 사람이라는 인식을 심어주기 위해 애썼다. 자신만의 브랜드를 확립하기 위해 성실함을 잃지 않았다. 항상 자신을 향상시키기 위해 공부를 게을리하지 않았다. 여름이면 하버드, 웨스턴 온타리오 등지의 비즈니스 스쿨에서 새로운 강좌를 들으며 자신을 확장시켜 갔다.

"동양인인 저의 존재가 눈에 띄는 일이 많아서 항상 긴장 속에서 살았다 해도 과언이 아닙니다. 지금과 달리 동양인들이 거의 없던 시절이었거든요. 게다가 백인 동료들은 자기들끼리 필요한 정보를 주고받을 수 있지만 저는 그렇지 못했지요. 그 밖에도 사소한 문제로 생기는 알력들도 부지기수였습니다. 모든 어려움을 헤쳐 나가니 인정을 받고 신뢰를 받게 되더군요."

매년 있는 근무 평가에서도 늘 최고의 점수를 받으며 담당 분야에서 실력을 인정받아 온 이외에도 발군의 영어 실력을 인정받아 1977년에는 비즈니스맨 공중 강연Public Speaking for Businessmen 과정에서 최우수 강연자로 선발되기도 하였다. 그런 연유로 공무원 교육을 시킨 경험도 허다하다. 1983년에는 주정부 감사원장에 의해서 그의 감사 업적이 주정부의 모범 사례에 해당한다고 주 의회에서 보고된 일도 있다. 이렇게 13년간의 BC 주정부 공무원 생활을 마치고 1991년에는 개인 사무실을 열게 되었다.

교민사회와 가까워지면서 한인사회의 여러 단체에서 감사로 활동해 온 일도 주목할 만하다. 한인회 감사 22년을 비롯하여 실업인

협회, 노인회, 한국어 학교, 교회협의회 등의 감사를 담당해 왔다.

10년 넘게 개인 사무실을 운영하면서 기억에 남는 일도 많다. 교민들이 부당한 세금 통보를 받고 곤란에 빠졌을 때, 노련한 전문가로서 한인의 자존심을 걸고 자신의 역량을 발휘한 일이며, 무료로 세법 강좌를 열어 교민들의 답답함을 덜어 준 일 등이 그러하다. 자신의 전문 분야가 아닌 곳에서도 어려움에 빠진 교민들을 도와준 일이 많다. 캐나다 법을 잘 모르는 교민들이나 유학생들이 법적인 문제로 어려움을 겪을 때도 그는 선뜻 도움의 손길을 내민다. 한국인들이 얼마나 인정을 중시하는지 누구보다 잘 알고 있으며 어려움에 빠진 사람의 심정이 얼마나 난감한지 누구보다 잘 헤아리고 있기 때문이다. 많은 미담의 주인공이기도 한 그, 훈훈한 뒷이야기들을 많은 사람들이 이웃 사랑 실천의 귀감으로 삼고 있다.

캐나다 사회에서 전문직을 지망하는 후배들에게 조언을 부탁하자 뼈 있는 발언을 아끼지 않는다. "전문직, 즉 변호사, 회계사 등의 직업을 가진 사람들은 일단 서양 사회에 진출해서 일을 시작하는 것이 좋다는 생각이 듭니다. 어려움은 있지만 그런 토대를 바탕으로 훗날 훨씬 자신 있게, 그리고 수월하게 일을 처리해 갈 수 있지요. 그리고 회계사를 지망하려면 일단 인내심이 있어야 합니다. 상과 쪽으로 지원하는 게 좋을 듯 싶고요. 치열한 분석력이 뒷받침되어야 하고 멀리도 보고 가까이도 보는 능력을 지녀야 합니다."

배구 등 다양한 스포츠 즐겨

등산, 탁구, 수상스키, 요트 등 다양한 스포츠를 좋아하지만 특히 배구를 좋아한다는 정원섭 회계사, '남에게 대접을 받고자 하는 대로 너희도 남을 대접하라' 는 성서의 말씀을 생활 신조로 삼고 산다는 그. 사무실에서도 기회가 있으면 직원들에게 커피 타 주는 일을 마다하지 않는다는 그의 모습에서 유연하고도 열린 사고의 멋스러움을 새삼 깨닫게 된다. 상선약수 上善若水 라 하던가? 물 水 은 스스로 낮은 곳을 찾아 흐르는 법, 시시각각 형상을 달리하며 자연 속에서 우리를 지켜주지 않던가? 그와 같은 그의 가르침은 얼마나 유연하고도 큰 것인가. 도덕경 속의 큰 지혜를 스스럼없이 실행하는 그를 보며 '향 싼 종이에서 향내가 나게 마련' 이라는 선승의 법어를 떠올렸다. 사무실 한 켠에 있는 양난의 향기가 함께 어우러졌다.

글 = 연은순 문화전문기자(문학박사)
중앙일보 밴쿠버
2003. 2. 10.

인쇄 _ 2011년 8월 29일
발행 _ 2011년 8월 31일

지 은 이 _ 정원섭
발 행 인 _ 박경진
펴 낸 곳 _ 도서출판 진흥
출판등록 _ 1992년 5월 2일 제5-311호

주소 _ 130-812) 서울특별시 동대문구 신설동 104-8
전화 _ 영업부 2205-5113   편집부 2230-5155
팩스 _ 영업부 2205-5112   편집부 2230-5156

전자우편 _ publ@jh1004.com
홈페이지 _ www.jh1004.com
ISBN _ 978-89-8114-368-8

정가 10,000원